《人文集美》编委会

人文集美

集美文脉谱

厦门市集美区文化和旅游局 编

厦门大学出版社
XIAMEN UNIVERSITY PRESS
国家一级出版社
全国百佳图书出版单位

图书在版编目(CIP)数据

人文集美/厦门市集美区文化和旅游局编.—厦门:厦门大学出版社,2019.12
ISBN 978-7-5615-7665-6

Ⅰ.①人… Ⅱ.①厦… Ⅲ.①区(城市)—文化史—厦门 Ⅳ.①K295.73

中国版本图书馆 CIP 数据核字(2019)第 283949 号

出版人 郑文礼
责任编辑 韩轲轲

出版发行 厦门大学出版社
社址 厦门市软件园二期望海路 39 号
邮政编码 361008
总机 0592-2181111 0592-2181406(传真)
营销中心 0592-2184458 0592-2181365
网址 http://www.xmupress.com
邮箱 xmup@xmupress.com
印刷 厦门集大印刷厂

开本 787 mm×1 092 mm 1/24
印张 37.5
字数 429 千字
版次 2019 年 12 月第 1 版
印次 2019 年 12 月第 1 次印刷
定价 198.00 元(全五册)

本书如有印装质量问题请直接寄承印厂调换

厦门大学出版社
微博二维码

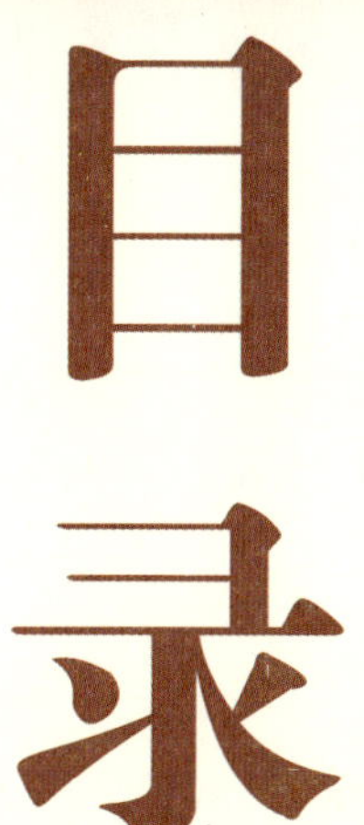

坚定文化自信，增强家国情怀。

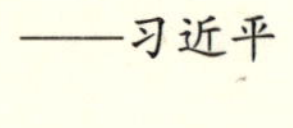

——习近平

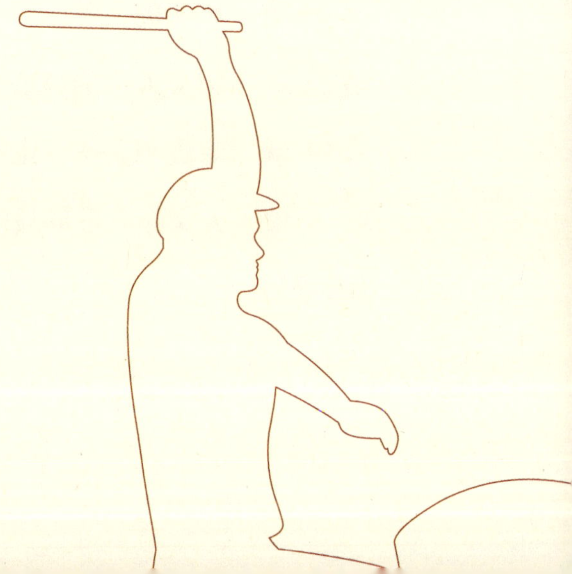

开　篇　诗话集美

图 0-1　新城美如画

环浦皆山也，襟浦皆水也，
山水合则龙聚，龙聚则地真。

——朱　熹

该校创设有年，规模宏大，美成在久，古训有征，芽蘖干霄，人才攸赖。

——孙中山

赤岸黄墙屋，清波白板船。
欧光来远屿，帆影落遥天。

——钱　穆

在我亲爱的四季花开的故乡
在白鹭翱翔银波起伏的港湾
在一个弹丸的半岛上一个方寸地里
安息着一个人
一个真正的人
一个同千千万万人一样的人

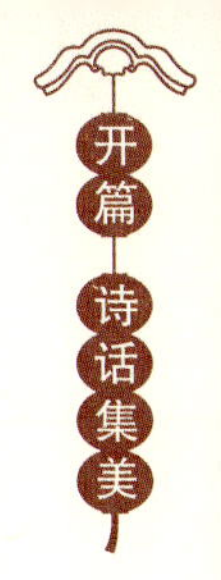

却为千千万万人景仰的人
一个永远在人们心中的人
一个心中永远没有自己的人

——鲁　藜

集美学校在全国论师资，论设备，论风水，不是第一也是第一。

——黄永玉

“闽海之滨有我集美乡，山明兮水秀，胜地冠南疆……”我每次回故乡，总要弯到集美看看，都禁不住要哼起这支集美校歌。

——白　刃

当我走进厦门大学、集美学村，人们指着那幢幢建筑物告诉我，这儿处处有华侨圣者陈嘉庚的身影……啊，在掩映于姹紫嫣红的三角梅下，我时时刻刻在鹭岛上看到华侨热爱祖国的心灵，时时刻刻得到切实的证明。

——邹荻帆

更将闽士雄强气，随着银涛到海门。

——蔡元培

集美乡与厦门隔海湾，相去可二十里。厦门为岛，集美恰当大陆尽处，土人实呼“尽尾”，后乃文之曰“集美”。与厦门相隔一海湾，形势三面皆水，唯北枕天马山，山水绝胜。

——黄炎培

余在集美服务仅半载。时间虽短，印象甚深。一则由于学校规模宏大。二则由于海滨自然环境，景色宜人。

——沈亦珍

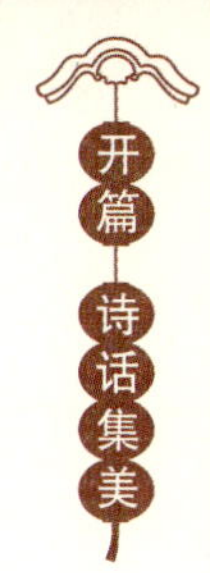

今天我有机会，到你们这美丽的学校，在这大礼堂里，跟你们谈谈，是非常高兴的。

——鲁 迅

除了很好的体格外，他们还有很好的德行。他们有诚挚的态度、坦白的胸怀、慷慨的心肠——而服从尤其是他们的特点。

——王鲁彦

陈老见其大者远者，但他还是着眼在厦门，在闽南，由斯而扩大开去，而福建而中国，正如他的遗嘱身后要埋葬在集美的。

——曹聚仁

旋乾转坤移山倒海，济人利物震古铄金。

——董必武

火车鸣笛。我们的火车冒着白色的浓烟，从这海堤上奔驰而过，海风吹着火车头上冒起的白烟，那白烟融化在蔚蓝的天空和金色的阳光中。

——郭 风

鳌园博物大观百闻不如一见，鹭江集美中学万人共仰千秋。

——郭沫若

集美是风景区，也是文化区，出生在这里的爱国华侨陈嘉庚先生，把一生的精力用来经营此镇。镇上崇楼杰阁，纵横交错，这些是各类学校的校舍，人造湖滨，凉亭水榭，抹彩渥丹，数行杨柳，迎风飘拂。

——郑朝宗

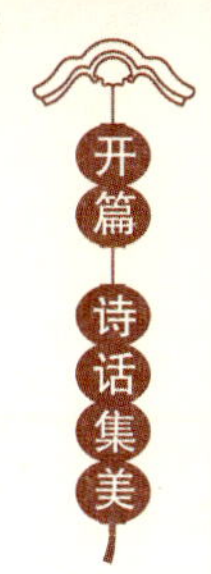

我觉得陈嘉庚是一位了不起的人物。他以身作则，很早就捐出巨款来办教育事业。这不只在东南亚，甚至在当时的中国社会，也是一件极为重大的事。

——杨振宁

离去更觉集美好，涛声犹胜蝉声。白帆点点镜般平。波中镶小岛，远暗近分明。一道海堤围海浪，浪花泪水盈盈。也知此地赛娉婷。不可轻漫过，只好梦中逢。

——汪国真

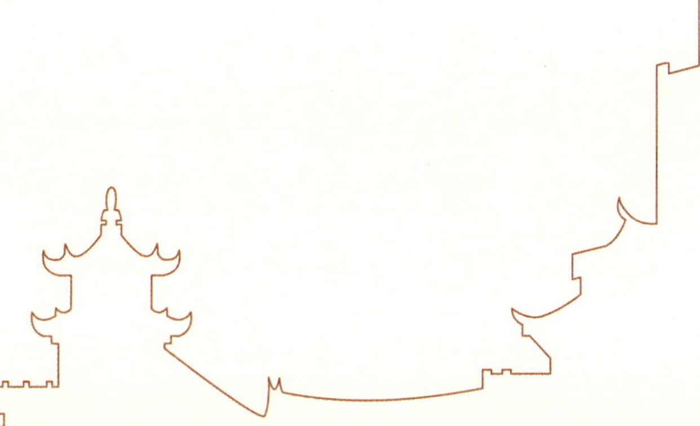

一座没有精神和文化的城市
是没有魅力和吸引力的
独具魅力的人文精神
将最终决定一个城市的
凝聚力、影响力和辐射力
集美
天然位置，惟序与黉

那么，何为人文？

人文，作为人类文化的一种基因、一种朴素的习惯和意识，古已有之。

《易·贲》载，“观乎天文以察时变，观乎人文以化成天下”。

春风化雨，潜移默化，人文乃更多的人、更大的人群共同具有，并日渐稳定的价值观及规范。“山不在高，水不在深”，看到的

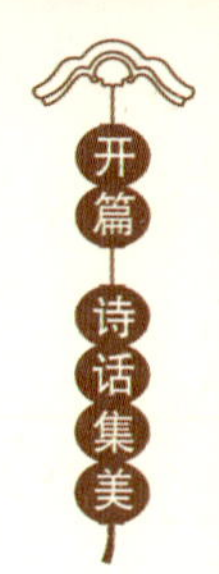

是人文；“空山不见人，但闻人语响”，听闻的是人文；“江南好，风景旧曾谙”，念起的是人文。

五感六味，衣食住行，经过时间的孕育、沉淀、提炼，最终变成了人文。

一方水土，一方人文。不管离家多远，总能想起故土的美好，一道熟悉的香味，一幅家乡的风景，一句方言的问候，都有别样的滋味。

人文者，文为其里，人为其本，不仅为精神文明之核心，并极大作用于物质文明，构成一个民族、一个地区文化个性之核心内容，成为衡量一个民族、一个地区文明程度之圭臬。

万象更新，人文不断发展。一个地区的人文，是其特色和魅力的最佳代言。

集美，集聚诸美！唐迹宋址，明制清策，闽风侨情，诸多的文化在这片土地上自由生长，凝聚出根深蒂固、开放包容的人文之花，变成了集美人传承继扬的城市动力，凝结成集美无形的精神资产，构筑出集美当今的核心价值。

汇聚集美文化的千年风华，传递集美城市的现代追求，弘扬“一精神、三文化”的城市内涵——这，就是集美人文馆。

这里，最集美！

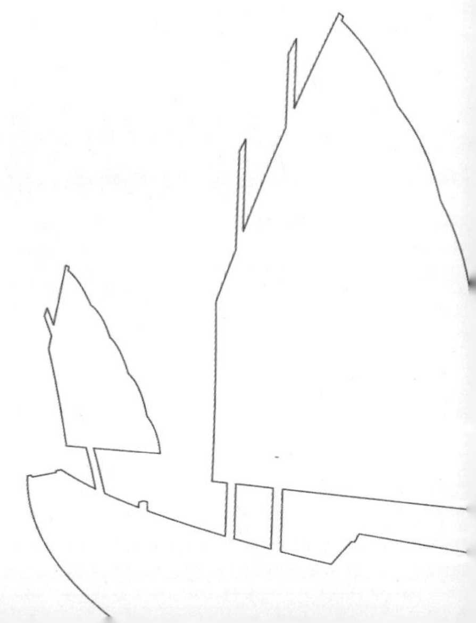

第一章　集美人文的价值

文化，以文化人。

人类的文明发展史，筑造出人类精神世界的三大支柱：科学追求真、艺术追求美、人文追求善，三者密不可分，融合为“人之所以称之为人”的“人文”。

人文，是人类的文化；集美人文，便是集美人塑造的文化。

集美凭嘉庚名扬四海，嘉庚以集美流芳千古。

集美有着丰富的人文内涵，是因为集美人重视文化。正如陈嘉庚感言，“世界任其如何变动”，“亦须保留我国文化，乃能维持民族精神”，“然吾民族赖以维系不堕者，统一之文化耳”，“中国固有之文化精神万不能残缺”。

一、几何集美，地灵人杰

打开中国地图，从长江金三角到珠江金三角划一条直线，再沿上海、台湾、广东这三点画一条弧线，就构成了《中国国家地理》所称的“新月地带”。闽南金三角，位于新月地带的中心位置。

打开福建地图，曾经的“东方第一港”刺桐港，明代中晚期东南沿海最大外贸通商港口月港，与台湾鹿儿港独家对渡一百年的厦门港，构成了激荡海上丝绸之路的“闽南金三角”，厦门正居中心。

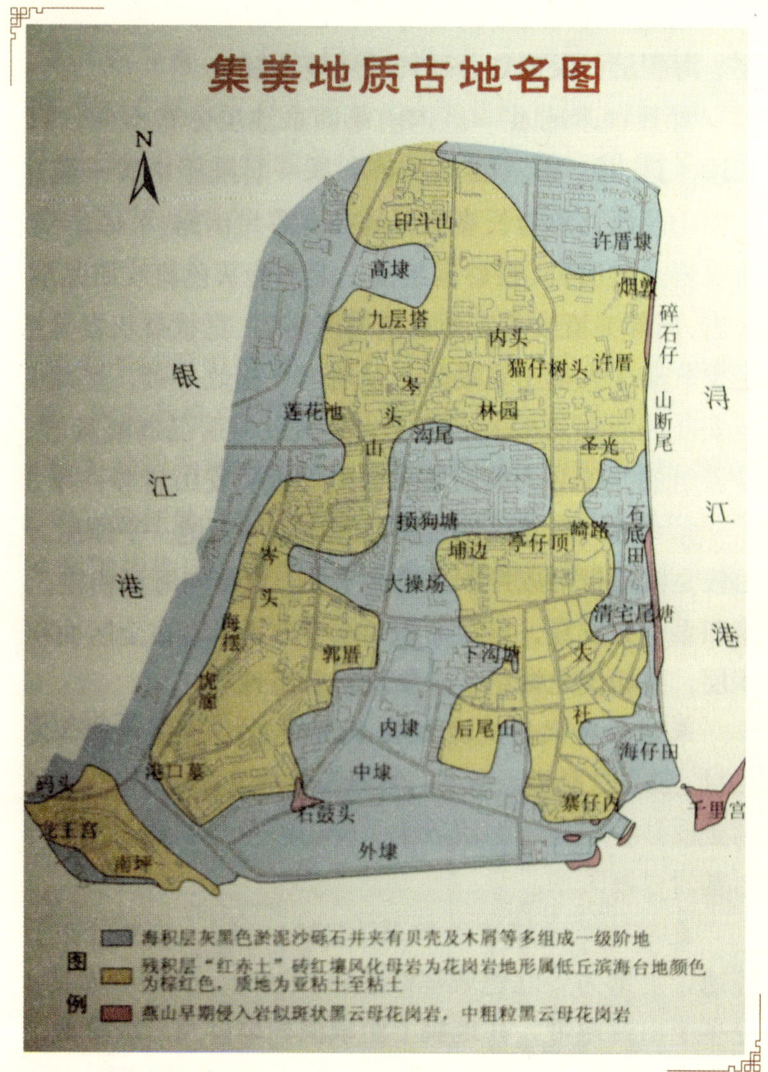

图 1-1　集美地质古地名图

打开厦门地图，集美区是厦门跨岛发展开路发轫的地方，是整个厦门的几何中心。

几何集美，集天下之大美！

集美，集山、海、丘陵、平原、台地、海岛美之大成。地貌几何相倚靠，溪流顺渠入库湖，蜿蜒百转终入湾，汇聚大海而无尽，组成一幅绝美多元的“城在海中，海在城中”画卷；集美，融传统美与现代美于一体，山光海色，云蒸霞蔚，风华万种，气象万千，宛若一颗明珠，镶嵌在东南海滨，璀璨夺目；集美，以它得天独厚的显赫地位面向台湾海峡、面向太平洋、面向日新月异的世界。

数不清的历史遗珍、人文胜迹、巨贾大儒聚焦于此。千古一人陈嘉庚，以旷世伟绩奠定了一个人、一座城的时代丰碑。

集美塔矗立于集美新城之中心，揽八方之息，观四面风光，向世界展示集美的人文故事，传递集美的人文精神。

二、集美赋

集美文史学家郑高菽曾作赋一首以颂集美，气魄雄浑，笔法洒脱，兹抄录于此，以飨读者：

鹭海南回，作厦门之拱卫；浔江东擁，兼同翔为倚依。渔唱起鳌江之滨，云帆与鸥鹭追飞；薰风过杏湾之曲，锦鳞翔雪浪沿洄。天马北昂，脉系长泰，披霞彩其流绯；青牛西峙，交连海沧，托夕阳之落晖。钉峤共禾香远上白云；珠屿引棹歌环缭海湄。膏土沃野，抚黎甿以绵瓜瓞；渔获商航，通洋森以求别赀。棋山白岭作屏，朔气

难侵；苎水屯溪如带，碧沛长滋。春华秋实，奇花异果凝香；风和日丽，山珍海味应时。民丰物阜，实一方之乐土；近悦远来，引万姓其依皈。

往事如烟，百越曾经渔猎，锛砺现于石岗；青史纪年，两汉已然封建，人文洎及乡邦。古风尚在，故事相传圣果；唐迹犹存，宣宗曾此流亡。凤山庙远踵川口，山峰宫祀接睢阳。夕晖斜映，蔡林社留朱熹题咏；朝霞燎举，高埔城存甲第文光。宋桥跨苎溪，元驿历风霜；白虎踞峦洞，青鳌浮海疆。后溪城内，硊堞系清季烽烟；集美寨上，榕风萦庠序书香。黄巷残垣，小刀会瘗志埋恨；凤山弹迹，同盟军举义留芳。千年古邑，竹帛名扬，百代风华，长纪史章。

荟人文渊薮，书声传响桑野；萃人杰地灵，胶庠遍布域中。童蒙舞雩，属海滨之邹鲁；贤达遗训，存笃学之文风。紫阳过化之区，杏坛长在；许子理学之邦，绛帐不空。以是人文蔚起，义塾启蒙；长此教帜高张，社学蕴隆。鳌江领风气之先，戚公首创书院；凤山乘海陆之便，乡贤继建泮宫。弘学传道，褒扬公忠，科甲簪缨，历代无穷。近世华侨崛起，解囊办学树功。陈公瞻瞩，矢志倾资立教；心系桑梓，诚毅化毓鸿蒙。学村临浔滨雄峙，弦歌不绝于海东；槐台领南国芬芳，桃李霑雨露春风。名彦赤诚，乐善声誉远播；后昆继武，捐学助教竞从。雕梁画栋供求知，诸子澄心向学；碧瓦红墙俾有志，莱荑奋发博通。日月经天，嘉庚令德已镌霄汉；春风化雨，华侨光辉长照海空。迩来院系如日东升，钟灵毓秀；学校星罗棋布，教泽长弘。绮花红酣，琴韵回环校宇；碧树绿郁，书声直上苍穹。勋业千秋彪炳，才俊八方郅隆。

城郊一体，百业勃兴，茁如雨后春笋；灯火万家，市井繁华，灿若天际群星。千楼耸峙，岂惟傍海临湾散布；万商辐辏，遍及山村古镇市廛。工业聚合，名牌名品创新；商贸开散，物流商流如云。驾厦工钢履于极地

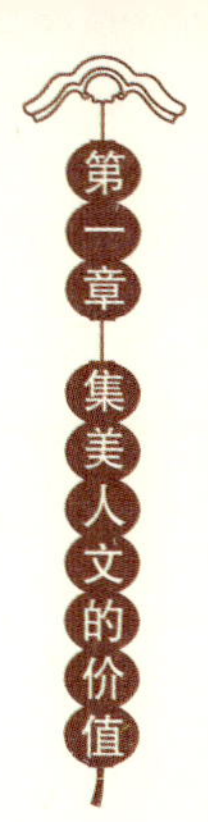

骋骛，驱金龙骏驰于欧陆逡巡。列东西百货其霓虹焕彩，陈寰宇奇珍而绮错辉莹。新城屹起，杏湾广厦连绵；巷陌贯串，街衢楼宇纵横。展四翼其城乡振翅，驱两轮而山海同兴。沈海高速路连南北，成厦驰道车接通津。四桥卧浪，车水马龙，长虹横越浔鹭；两岸连心，风云际会，邮轮直济台金。动车系九州，飞机连四瀛。同世界其接轨，与国家共繁荣。实群雄创业之热土，乃百姓安居之春城。

至若风光揽胜，休闲放怀；莫如山水怡情，人文仰瞻。抚浮生之焦燥，涤世事之襟烦。夫嘉庚兴学圣地，风物蔚为大观。雕甍凝彩，归来堂清风淡荡；高阁流辉，纪念馆崇伟弘涵。公园石刻刊万方珍异，端午龙舟看百舸争冠。峰嶂连绵雄峙，立海甸之北端，凌清波以高耸，招游客以登攀。俯览江山，烟云蒙络琼楼，不辨天上人间；凭陵舒啸，玉宇沉浮屐底，直可摩星问蟾。山间瀑流泻玉，融琼琚于清潭；岭上云霞铺锦，摛艳彩而流丹。下瞰九岛环翠，园博集世之美景；俯视一湾流碧，林苑聚国之大观。周遭虽市井喧绕；居间恰绿水澄环。蒹葭芦苇，招凫鹭翻波翔舞；茂林修竹，引游人休憩盘桓。岭南园与江南苑风光并丽，闽台岛与北方园花木同蕃。清风流馥，绿荫驳彩斑斓；碧波荡漾，岸花秾郁纷繁。杏林阁看星河鹭起，霄汉霞飞，神怡水木清华；教育岛聆求知问惑，传道释疑，晖沐玉树芝兰。民族风情，兼云贵青藏风彩；现代园林，有沪渝港澳庭垣。日中明媚与月下情趣，陶醉情侣；清波倒影与流光花影，慰抚尘凡。与花鸟鱼虫同乐，共远客游子尽欢。

山风海韵，集人间之美景；日升月恒，乃滨海之仙寰。

三、集美人文馆之意义

集美，集天下之大美。集美文化，缔造了一个小渔村到大城区的传奇。这一路筚路蓝缕，有太多的记忆值得留存；这一路开拓奉献，有太多的人值得赞颂；这一路华丽蜕变，有太多的不易值得铭记。当其中凝聚的精神、成果、经验仍影响着我们的现在、并激励着我们的未来，那么就应该珍视这些瑰宝，让它的价值得以彰显。集美，这一切的拥有者，不私藏这一切，决定建馆与君共之。

集美人文馆，将作为一个记录者、整理者、弘扬者，连缀集美人文点滴、梳理集美人文脉络。此为集美人文馆建设之意义与初衷。

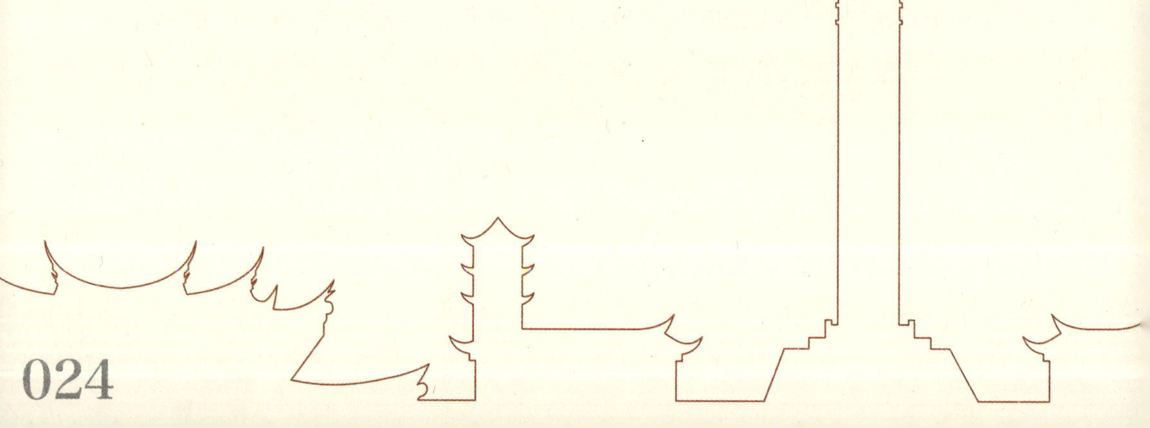

第二章　集美的文脉

图 2-1　绿色生态新城

集美雄风，跨越千年。

四千年前的集美，原始居民刀耕火种渔鱼狩兽；
一千年前的集美，中原移民筚路蓝缕以启山林；
六百年前的集美，拼搏先民闯荡南洋四海为家；
四百年前的集美，人文勃兴市镇繁荣商贾云集；
一百年前的集美，华侨领袖回报乡梓创建学村；
七十年前的集美，军民携手点亮明灯解放厦门；
四十年前的集美，台商云集引领开放书写新篇；
十年前的集美，新城巨擘全新规划描画山海。

今天的集美欣逢盛世，今天的集美手掌乾坤；来自太平洋的潮声，像是期待已久的宣告；新城打开的每一扇窗户，都在聆听春雷涌动的佳音；嘉庚先生伟岸的身影，是永不消失的激越与深情。

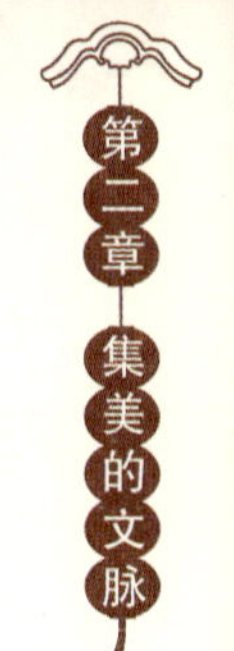

集美悠远，沧桑如斯，不改容颜；

集美自信，海阔天空，纯真永存。

历经千年的等待，荡气回肠的开拓，真诚纯粹的坚守；

在集美，凝固成永恒！

一、集美的历史沿革

（一）集美地名由来

因集美半岛与厦门岛之间海域为“浔江”，半岛末端称作“尽尾”“浔尾”；明朝天启间进士陈文瑞告老还乡，认为地名不雅，因厦门方言“浔尾”“尽尾”与“集美”语音相近，遂雅化为“集美”，寓集天下美之大成的意思。此为集美地名来源之一说。

另一说则认为“集美”之称最迟始于元朝，此说代表者陈新杰。其推论，据《同安县志》记载，此地于宋元时期就有“集美

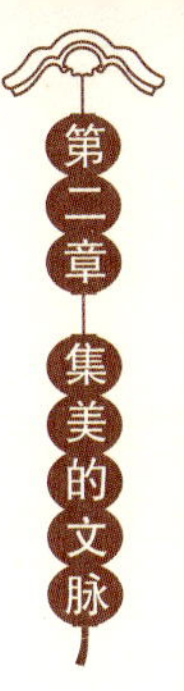

乡”“集美堡”之区划。20 世纪 50 年代出土的集美明朝进士文瑞公之祖父母合葬墓的墓契砖就有“集美乡”字样。文瑞公之祖母叶氏去世于明万历七年（1579 年），可推测至迟此时已有“集美”之称。而 20 世纪 90 年代集美福南堂东侧、福东楼北面出土的陈振玉祖墓之墓契砖也有“集美堡”字样，所记时间是嘉靖辛丑年（1541 年），在万历年之前。更有 1984 年集美社大祖祠大修，祖龛下挖出地契砖一方，记有“集美”之地名及安放时间“癸未年”，而地契砖系始建奠基或大修奠安之志，大祖祠明清两朝历次大修都不在“癸未年”，此记“癸未年”应为元至正三年（1343 年），则证明“集美”之称早在元至正年间就已出现。

（二）集美政区沿革

商：属扬州地。

周：属七闽地。

春秋战国：属越地。

秦：属闽中郡。

西汉：初属闽越国，元封元年（公元前 110 年）属会稽郡。

东汉：属闽侯官县地。

三国：属建安郡东安县。

晋：太康三年（282 年）析东安县，置同安县，区境隶属之。当年，同安县废，区境属晋安县。

隋唐：开皇九年（589 年）属南安县，其后，区境随南安县先后隶属建安郡、建州、丰州、泉州（今福州）、武荣州、闽州（今福州）、长乐郡、清源郡、泉州。

五代十国：后唐长兴四年（933 年），闽王王审知次子延钧在福州称帝，升大同场为同安县，此后，区境随同安县先后隶属泉州、清源军。

宋：属平海军、泉州。

元：属泉州路。

明：明初，改泉州路为泉州府，此后区境一直随同安县为其属地，属泉州府。

清：属福建省泉州府。

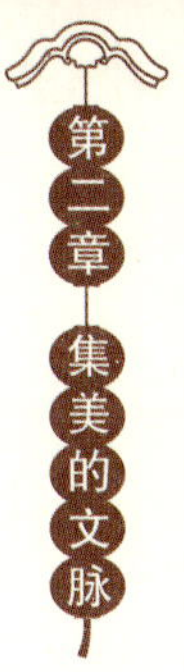

中华民国：

民国元年（1912年），同安县隶属南路道（1915年改厦门道）。

民国二十二年（1933年），隶属中华共和国人民革命政府兴泉省。

民国二十三年（1934年），属第五行政督察区。

民国三十八年（1949年）9月23日，集美解放，区境随县隶属华东军政委员会福建省第五行政督察专员公署。

中华人民共和国：

1950年7月，改隶福建省泉州行政督察专员公署（后改为晋江专区）。

1953年11月，改隶厦门市，建制改为镇，成立集美镇。

1957年7月28日，成立厦门市郊区，区境隶属之。

1987年7月6日，从厦门市郊区划出禾山乡，更名为集美区，隶属厦门市。

2003年，杏林街道办事处和杏林镇划归集美区管辖。

2012年，集美区辖2镇4街（灌口镇、后溪镇、杏林街道、集美街道、侨英街道、杏滨街道），现有21个行政村、36个社区居委会。

（三）集美大事记

唐

大中四年（850年），筑苎溪陈婆陂。

宋

大观年间（1107—1110年），同安人徐诚建苎溪桥，长73米，为厦门地区现存最长的石构桥。

绍兴二十三年（1153年）秋，同安县主簿朱熹出巡安仁里，在西滨蔡林社标题八景诗。是年，建鱼孚驿站。元代改设深青驿站。

明

洪武二十年（1387年），江夏侯周德兴设高浦巡检司。

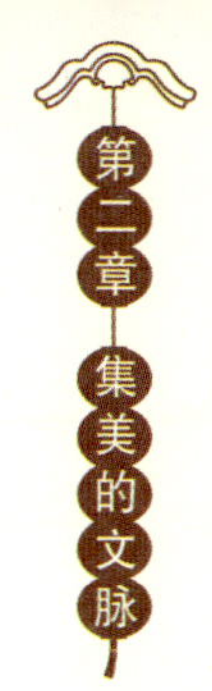

洪武二十四年，江夏侯周德兴等始建高浦城。

正统十四年（1449 年），海寇张秉彝率船二百围攻中左、高浦二所，乡绅叶乘乾率民团迎战，战死于高浦。同年倭寇侵犯积善里窑山乡，里绅周彝训率民团抗击，与其子周怀炯战死于陷马坑（马銮村西），后人建“有应公庵”纪念。

嘉靖年间（1522—1566 年），戚继光于高浦千户所属衙创办书院，时称“戚公院”。清康熙四十二年（1703 年）贡生郑羽飏等于旧址重修书院，史称“鳌江书院”。

同期，光孝寺僧人戒静集资鸠工筑埭于海峰庄，三年始成，名朱埭，又名海丰埭。

清

乾隆十一年（1746 年），建灌口凤山书院，光绪三十一年（1905 年）改称学堂。

光绪十九年（1893 年），杜四端在马銮村创办銮裕纱厂，为厦门首家纺纱厂。

光绪二十年，陈嘉庚捐资2000银圆，创办集美惕斋学塾。

中华民国

1912年年末，陈嘉庚在集美创办蚝肉罐头厂，后与友人合力成立陶化大同罐头食品公司。

1913年，乡立集美两等学校借集美祖祠开学，陈嘉庚经营之近现代教育事业由此发轫。

1949年5月5日，陈嘉庚应毛泽东电邀，从新加坡启程回国。

1949年9月23日下午5时许，人民解放军解放集美。

中华人民共和国

1955年10月，高集海堤全面建成通车，集美至厦门岛仅靠船渡的历史宣告结束。

1958年8月，杏林被划为厦门市工业区，中共厦门市杏林工业区工作委员会成立。

1961年8月12日，陈嘉庚在北京逝世，享年88岁，灵柩于

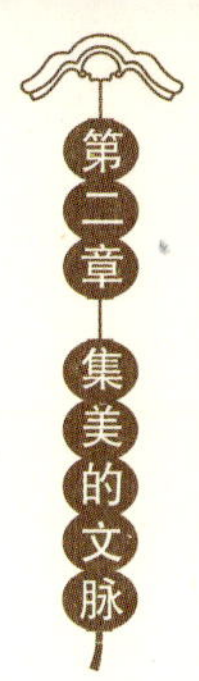

8月20日运抵集美，安葬于鳌园。

1989年5月20日，国务院批准设立杏林台商投资区。

1990年3月31日，国际小行星命名委员会将中国科学院紫金山天文台在1964年1月9日新发现的第2963号行星，命名为“陈嘉庚星”。

1992年12月31日，经国务院批准，集美台商投资区正式设立，在台商投资区开发建设中，集美以“开明、守信、竞争、开拓、奉献”的特区精神，又成功开发了集美北部工业区、灌南工业区、中亚工业城、杏南工业区等。

2010年2月，集美新城核心区破土动工。

二、集美人文演进

天地人，风雅颂！

流云千载悠悠，碧海万年不休，青山百里毓秀。

这是一段跨越时空的对话，这是一种历经沧桑的传奇。

天，是碧云天。时光荏苒，历史越千年。从蛮荒的时代走来，走过边陲僻地，开荒拓野；走过文明开化，日趋繁盛；走过深青古道，明清繁会；走过苦心孤诣，举家办学；走过开埠日新，南

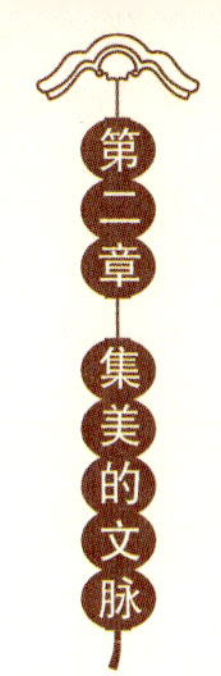

方之强；走过百业兴起，繁荣昌盛。

地，是玲珑地。背山望海而居，风樯逐浪而行。从长江到珠江，从武夷山到天马山，引弓衔枚，援引上千年的内外之力，使蛮荒之地演变成海洋文明之心，化为海滨邹鲁、开放前沿、集美学村、高新之城。

人，是贤达人。华夏民族之文化，化为忠公、诚毅、勤俭、创新。一个人，一座城。陈嘉庚情归桑梓地，众华侨捐资建家乡，为我们展现了人世间的至美。

大历史，小故事；大时代，小剧场。

那种历经千年的等待，那种荡气回肠的开拓，那种真诚纯粹的坚持……

在这里，都能找到答案！

图 2-2　虎空山遗存点

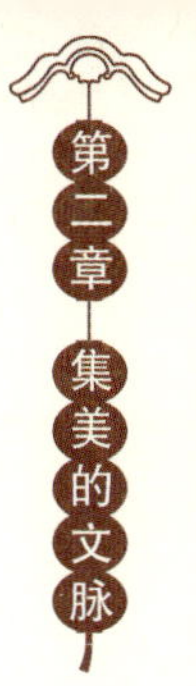

（一）石器时代　文明初现

1958 年 11 月，厦门大学人类博物馆考古人员分别在集美灌口镇深青临石寨山上发现了新石器时代的遗址，在其中挖掘出彩陶片，并采集到三件石锛：第一件长 12 厘米、宽 4.8 厘米、厚 1.2 厘米；第二件长 8.8 厘米、宽 3.6 厘米、厚 1 厘米；第三件为石锛残段。

在灌口上塘村林尾、李林村的虎空山、田头村的西南一带地方，考古人员分别发现了陶片和泥质印纹硬陶片等，器型有罐釜、盆、甑等。

这些先民遗存与金门的富国敦文化相似。从发现的石锛及彩陶和印纹片联系历史文献的记载来推测，集美很早就有人类的文明活动，具有悠久的历史底蕴。

（二）人烟滋长　人文肇始

人类的脚步漫长且悠远，从蛮荒时代到史前文明、从先秦时期走至隋唐，中原的文明之风渐渐越过了山海的屏障，漳泉古道打通了集美与北方文明的通道，集美人烟逐渐滋长，集美的人文史章也开启了第一页。

1. 部落共建　闽越雏制

战国中期，长江中下游流域的越人南下，与当地的土著结合，形成了活跃在福建地区的闽越部落。融合中也在分化，此时期有两个较为明显的特征：一是迁出，如徙至台湾及周边；二是大致依生存环境形成住在山地和海边的两支。

闽越族人在这里生活，他们饭稻羹鱼，住着干栏式的房屋，发明了舟船，饲养牛、猪等家畜，断发纹身，使用石斧、石锛和几何纹陶器。在背山面海的村落，阡陌交通，鸡犬相闻，古人也

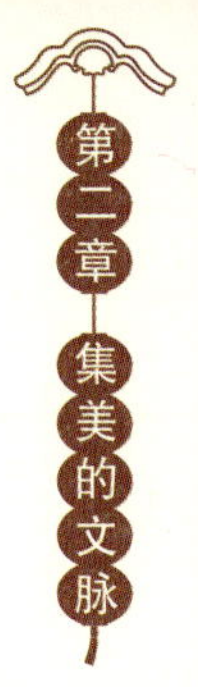

在山间刀耕火种，经营着一地生活、创造着一方文化，对中华民族文化有不可磨灭的历史贡献。

2. 秦汉一统　纳入版图

秦统一中国，分天下为三十六郡，后征服南方百越，增设南海、闽中、桂林、象郡四郡，集美隶属于偏处海隅的闽越族聚集地闽中郡。秦王朝苛政猛于虎，闽越族首领勾践七世孙无诸率族人追随刘邦攻入关中，并佐汉击楚。汉代建立后，复立闽越国，后因犯乱被平，闽地立冶县，属会稽郡。

秦汉时期，闽越被纳入了中原政权的版图，与华夏民族共命运，经济文化达到了相当高的水平。

3. 三国魏晋　衣冠南渡

东吴置建安郡，统管福建，设九县，集美属东安县。

晋太康三年（282 年）复分设晋安郡，新置同安县（一说此为同安设县之始，亦是同安得名之始，当年即废），集美现区境为原同安县西部。

晋代永嘉年间，包括集美在内的闽南迎来了第一次大移民，史称“衣冠南渡”。这给当时属于同安县的集美带来了大发展，同时也使闽南文化与中原文化发生撞击与融合，而海洋也给迁入者提供了新的生计与出路。

4. 唐风南吹　交融兴盛

唐贞元十九年（803 年）析南安县西南部四乡置大同场；至五代后唐长兴四年（933 年）升大同场复为同安县。

在此期间，唐朝总章年间陈元光父子开漳以及唐末王潮、王审知开闽又带来了两次中原向闽南大规模移民的浪潮。这一时期，闽南人口大幅增长，闽南文化迅速发展，闽南语系得以确立，海

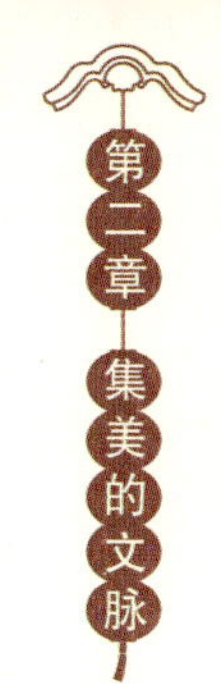

上贸易日趋活跃。特别是五代时期，中原战争不断，而闽南偏安一隅，得以有一个安定发展的环境，为此后宋代的闽南文化辉煌大发展提供了机遇。

图 2–3　集美民间收藏的古代版画，记录了杏滨早期的劳动场景

5. 这一时期的历史遗存

笔架山寨：位于集美灌口东辉村西北约五公里两山对峙处。山寨依山形地貌而起，居高临下，易守难攻。东西长约 60 米，南北宽约 50 米，略呈椭圆形。南北坡陡，下临悬崖，南坡即东辉大峡谷。东西坡较缓，开有寨门，宽 1.5 米，高 2 米，进深 2 米，旁有石级，可供登墙顶。寨墙以块石砌成，也借用原来的大岩石，墙厚 2~3.5 米，高 3~5 米，墙顶外侧又建女儿墙，高 0.5~1 米不等。寨内有供奉土地公（山神）的小石龛及房屋的残垣断壁，附近还保留当时的训马场遗址。因此地山高林密，交通不便，人迹罕至，故山寨得以保存，据说是厦门市现存最完整的山寨。

大岭头山寨：在集美灌口通往长泰山重的路旁，仙灵棋山与钉顶尾山之海拔 643 米的入口处，有座安泰宫古庙，庙西约 100 米的小山顶上是大岭头山寨。寨址为不规则椭圆形，南北长约 80 米，东西宽约 25~45 米。墙体以不规则块石砌建，厚 1~2 米，因已多受破坏，墙体残高仅 1~2.5 米。东北为豁口通道，原为寨门，

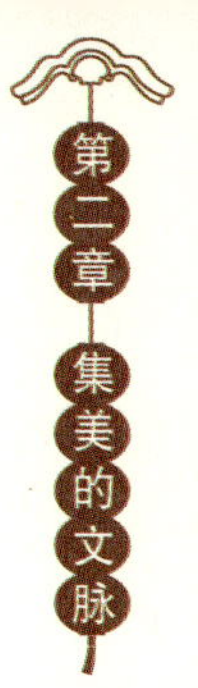

宽约 1.2 米，残高约 0.7 米。寨址的南下方，为灌口大岭村，北下方为长泰山重村，此寨为沿海与山区交通的重要通道上的中途站。另传说此寨为薛刚反唐时登高望远，控扼要道的据点；又说是明代监视与防御倭寇内犯的一个重要工事。

皇帝井： 位于后溪镇苏营村东边。唐宣宗李忱登基之前，在此汲取当地井水饮用，故后人将这口井称作皇帝井。现存系清代重造。《同安县志》载："皇帝井在仁德里苏营。相传唐宣宗到此掬饮，因名，泉极甘洌，酿酒瀹茗俱佳，经时不汲，泉从石缝中出，大旱不涸。"两口带井围的水井分南北，相距 6 米，两井中间有 6 平方米的贮水池，四周用柱式石桥栏杆围成，栏杆高 0.5 米，长 8 米，宽 6 米。井口直径 0.6 米，水深约 1 米，井水清甜，长流不断。两井后边各竖有一同样大小的石碑，两旁有护碑石栏杆。碑高 1.40 米，宽 0.45 米，厚 0.15 米。右井碑上镌行楷"龙泉井"，落款"道光庚子年重修"；左井碑上镌行楷"古唐皇帝井"，落款"道光庚子年新修"。其左侧有一方高 0.5 米，宽 0.3 米的小碑，上用楷书勒刻七律一首：

闲寻佳酿访前皇，好并龙泉次第尝，
向日凌云堪比洁，新澜旧井只同芳。
千家挹注晨昏闹，百亩扰锄灌溉常，
峡水调符终有美，恩波无限与天长。

陈婆陂：据《闽书》卷十一载：“苎溪山下，有陈婆陂，陂亦唐宣宗命筑云。宣宗遁迹过此，有陈婆者进麦饭，问之，以旱田对。及即位，后命有司筑陂，可灌田数百顷。而俗名‘陈婆’云。”讲的就是唐宣宗李忱登基之后，为报答当年的饱饭之恩，命军民筑造陈婆陂，引苎溪水，灌溉农田数百顷，以报答村民的故事。

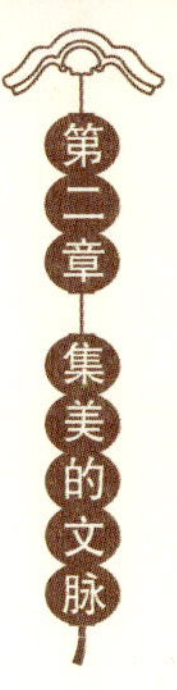

（三）日趋繁盛　人文勃兴

自北宋开始，进入集美地区拓荒生息的人口大量繁衍，渐渐聚集形成大片村落，农业和手工业繁盛，朝廷对集美治理更加健全完善，彼时集美邑境含仁德里、安仁里，隶属泉州府同安县。在宋代中华文化南移和海路贸易的地域优势等大环境作用下，闽南文化总体格局形成并表现出惊人的文化创造力。保生大帝等诸多民间崇拜在宋代始现并也走进了集美，至今香火延续。“朱子学说”的开宗者朱熹也于宋代任同安主簿五年间至集美讲学。

苎溪古桥：为厦门地区现存最古老的石板桥，系古驿道上的苎溪铺遗址。北宋大观年间（1107—1110 年）邑人徐诚垒石为桥，后圯。南宋乾道年间（1165—1173 年）徐诚之孙徐应昌及道士法昌重建。桥呈东西走向，桥墩呈舟形，桥面以 48 条石板铺成。

窑火熔珍：后溪镇碗窑村离苎溪桥约一里地，为南宋生产青白瓷的重要窑口，窑址遍及整座山岗，距今已有 800 多年历史。

图 2-4

图 2-5

图 2-4　苎溪桥

图 2-5　碗窑古窑址

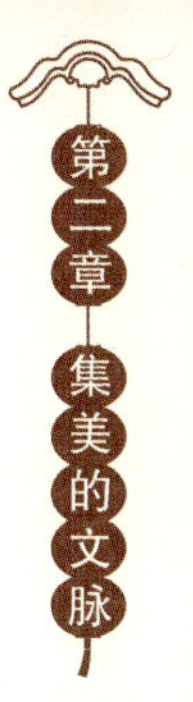

该窑创办以后，招集四方工人，开采瓷土，取土于附近的小凤冠山、日月山、寿边山以及东林内等十八个地点，在挖取瓷土的同时回填地面土，整成田畴，种上五谷。其所生产的瓷器，就是经苎溪桥的驿道和格仔口的渡口运往全国各地的，并经苎溪水路进入杏林湾，循海路远销南洋。

深青古驿：位于灌口镇深青村东村口古驿道上，始建于元代，重建于明洪武十四年（1381 年）和景泰元年（1450 年），清代重修重建。

南安与同安交界的小盈岭至同安与龙海接壤的南山岭之间的古驿道，系古代同安连接泉州、漳州两地的官道，中唐以前已初具规模。宋代，泉州成对外贸易第一大港，同安境内鱼孚驿，上接泉州，下接漳州。南宋朱熹主簿同安时，为提升驿道时效，开辟新驿道，从深青之大颜社、宅仔社西北面，油园东南面穿过，把原鱼孚驿的古道，改经灌口，从此道路平坦，路程缩短。

图 2-6　深青驿站

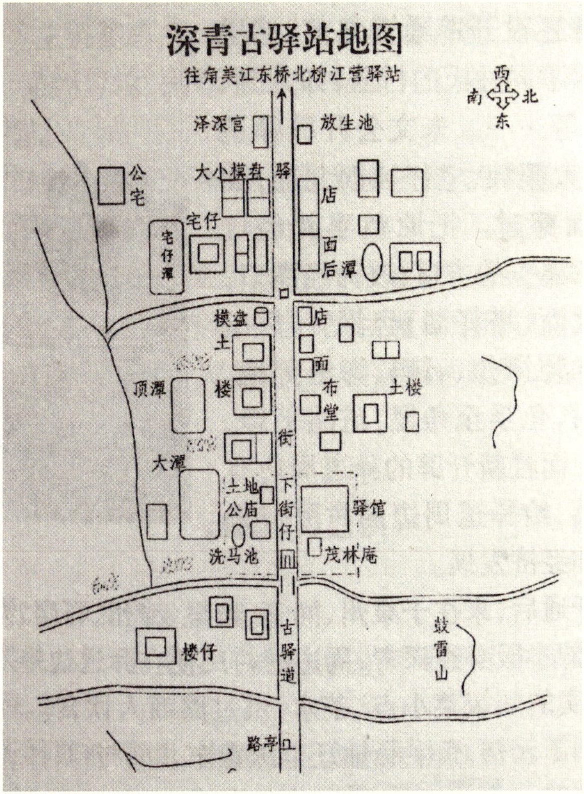

图 2-7　深青古驿站地图

新驿道开通后，往来于泉州、同安、角尾、漳州、石码、海澄等地的肩挑、马驮的小贩必经深青，村民便在驿道边排摊设点做起了生意。到了元初，驿道两旁已形成了相对称的街市格局，鱼孚驿站亦迁至灌口，自此，灌口古驿的驿口街加快成型。到了明代弘治年间，人口大量迁入并增长，形成了一个颇有规模的集镇。

繁华的驿口街的两侧还延续建巷，如石狮巷、驿口巷、驿蛇巷等，路面开始铺上条板石。明洪武十四年（1381 年）又建起了驿楼（门楼），明正德年间驿口街的木板桥也改建成三门石桥。驿口街、深青石桥和门楼的踏步等宽，都是 2.7 米。

历经七八百年繁华的深青古驿道至今仍留给世人无限遐思：古桥条石板怎么有刻字面却向下摆放，深青古镇最繁华时是怎样一番景象，比之《清明上河图》又如何……

朱熹讲学： 南宋绍兴二十三年（1153 年）至二十七年（1157 年），朱熹任同安县主簿期间，曾多次到灌口开坛讲学，当地四里八乡的村民扶老携幼前来听学。可谓集美儒学教化之先，自此集美之地人文蔚起、文风渐盛。其所写《游蔡林社标题八景诗》开启了整个厦门“风景文化”之源。

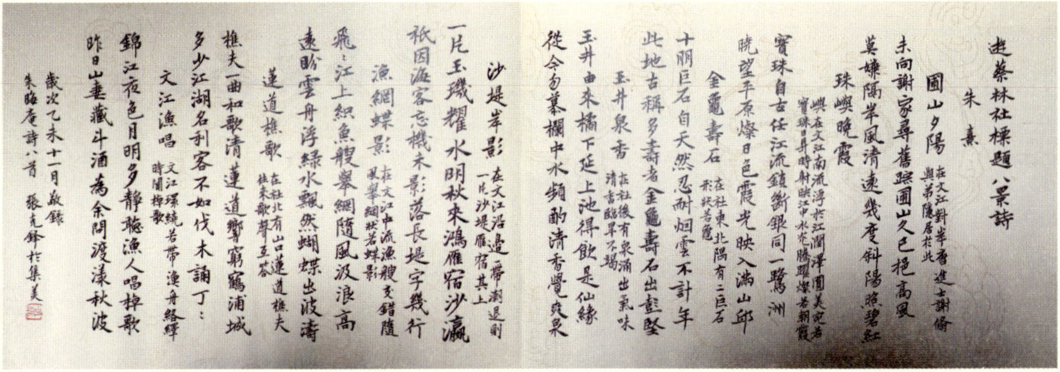

图 2-8　朱熹《游蔡林社标题八景诗》

《圃山夕照》

未向谢家寻旧踪，
圃山久已挹高风。
莫嫌隔岸风清远，
几度斜阳照碧红。

《珠屿晚霞》*

宝珠自古任江流，
锁断银同一鹭洲。
晓望平原灿日色，
霞光映入满山丘。

《金龟寿石》

十朋巨石自天然，
忍耐烟云不计年。
此地古称多寿者，
金龟寿石出彭坚。

---

*“晚”疑为“晓”之误，其跋写道：“屿在文江南流，浮于江，润泽圆美宛若宝珠，日升时射映江中，水光腾跃，灿若朝霞。”

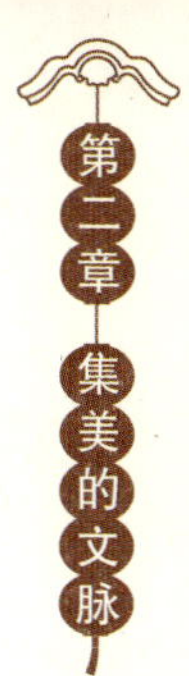

《玉井泉香》

玉井由来桔下延，
上池得饮是仙缘。
从今勿慕栏中水，
频酌清香觉爽泉。

《沙堤岸影》

一片玉玑耀水明，
秋来鸿雁宿沙瀛。
只因海客忘机未，
影落长堤字几行。

《渔网蝶影》

飞飞江上织渔艘，
举网随风汲浪高。
远盼云舟浮绿水，
飘然蝴蝶出波涛。

《莲道樵歌》

樵夫一曲和歌清，
莲道响穷鹤浦城。
多少江湖名利客，
不如伐木诵丁丁。

《文江渔唱》

锦江夜色月明多，
静听渔人唱棹歌。
昨日山妻藏斗酒，
为余问渡漾秋波。

元代，里下分设都，集美区邑分属同安西界的十一都、十二都、十三都、十四都、十五都、十六都。

元代在泉州设市舶司，闽南的海外贸易得到进一步发展，集美也将眼光投向了身前更广远的大洋世界。

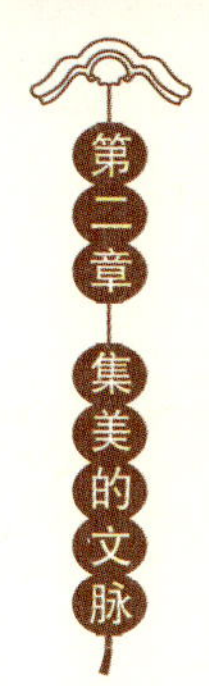

（四）明清鼎盛　市镇繁忙

明清两代，集美所属基本不变，隶同安县。

这一时期，在集美区境，有“八闽重镇”之称的灌口发展起来，成为闽南金三角一个重要的贸易点。明末清初，郑成功驻金门、厦门，开辟对东南亚和内陆贸易，推进了集美地区商业和服务业的发展。清末，厦门成为通商口岸，集美为厦门与内陆联系的重要通道。

1. 古代书院

随着集美经济和交通的发展，人文学风日趋浓郁，以书院为代表的人文大观日益形成。至清代，集美的教育格局已有社学、义学、私塾等多种办学形式并存。如浔尾社学和灌口社学属社学；高浦的“文山书屋”则属义学；私塾则有南轩私塾、大观公众学堂、大观女学、李衙书轩等。

在这两个朝代，对集美古代教育影响最深远的当属两大书院：鳌江书院、凤山书院。

鳌江书院：位于集美高浦。早在宋代，高浦石氏就缔造了科甲簪缨的人文盛景。至明嘉靖年间，戚继光驻师高浦，于千户所署衙创办书院，时称“戚公院”。清康熙四十二年（1703 年），贡生郑羽飚等于原戚公院旧址重修书院，史称鳌江书院，光绪三十年，书院改名为鹤浦学堂。

凤山书院：乾隆十一年 (1746 年)，知县张荃在安仁里观灌口凤山地吉，倡于凤山庙旁创办凤山书院，受到当地士绅的欣然响应。贡生王三锡、举人陈连榜被举为筹建院董，鸠资募款，经数月书院竣工。书院曾培育诸多仁人志士，如闽南小刀会领袖黄志信，辛亥革命先贤庄尊贤、陈少瀛、庄右南等人。后改名凤山小学堂。

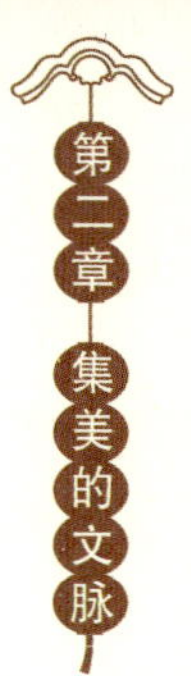

2. 行业街市

《同安县志》称:“扶摇道旁，每天棉花上市数十担。”广种棉花带动了集美纺织、漂染业的发达，各村社几乎都有染坊，棉纺制品作工精细，品种繁多，“陈井布”畅销台湾、南洋各地，为一时名牌产品。

图 2-9　集美灌口凤山书院旧址

其他还有如冶铁业，主要是锻铸锅鼎、铁件农具，时称“打铁埕”就是打铁专业村；做柴草生意的市巷被称为“草仔街”；“豆腐井”见证了劳动者起早做豆制品的辛勤忙碌……

古灌口街地处于闽南金三角的贸易通道枢纽，于明末清初开始发展起来，在清朝达到鼎盛时期，短短一百余米的街道汇集了各行各业来自四面八方的人们。每至圩日，人们牵着马匹，带着他们自产的大米、木炭、山货、生猪、海产品、棉布、蔗糖，汇聚至古街，可以说是热闹非凡，盛况空前。

3. 军事要地

高浦城：明代洪武二十四年（1391 年）为防倭寇入侵，江夏侯周德兴建高浦城。明清时高浦设行政机构巡检司。洪武二十年（1387 年），原建置于同安县西“坂尾寨”的高浦巡检司移置高浦，并建有坡寨，称为“高浦巡检司城”，规模不大，城墙周围长度只不过140丈，城高1丈8尺，辟有南北两个城门，窝铺4间。

巡检司属于地方性质的半军事机构，设有九品文官巡检1员、司吏1员，并配备民兵100名，由同安县令和稍后建置的“高浦千户所”千户双重管辖。根据《洋防辑要》记载，洪武二十三年（1390年），晋江永宁卫“中右所”的一千多名官兵移戍高浦，又据《福建通志·城池志》记载，一年时间，江夏侯周德兴将原巡检司城寨扩建成闽南的军事重镇高浦千户所城。其周围“四百五十二丈，高一丈七尺，城基宽一丈，窝铺十六，设四个城门，每个门俱砌月城”（《泉州府志》）。

另载，高浦城有操海屯种旗军旧额1258名，万历年间存602名，城内有营房1028间，明初高浦所的战略地位就要比厦门中左所更突出。同时原“高浦巡检司”再移至嘉禾里（今厦门岛）的二十二都，其城寨规模大小与旧巡检司城相同。经过近二百年的风风雨雨，到了万历九年（1581年），高浦巡检司城裁废，遗址早已湮没在历史的烟尘之中，荡然无存。

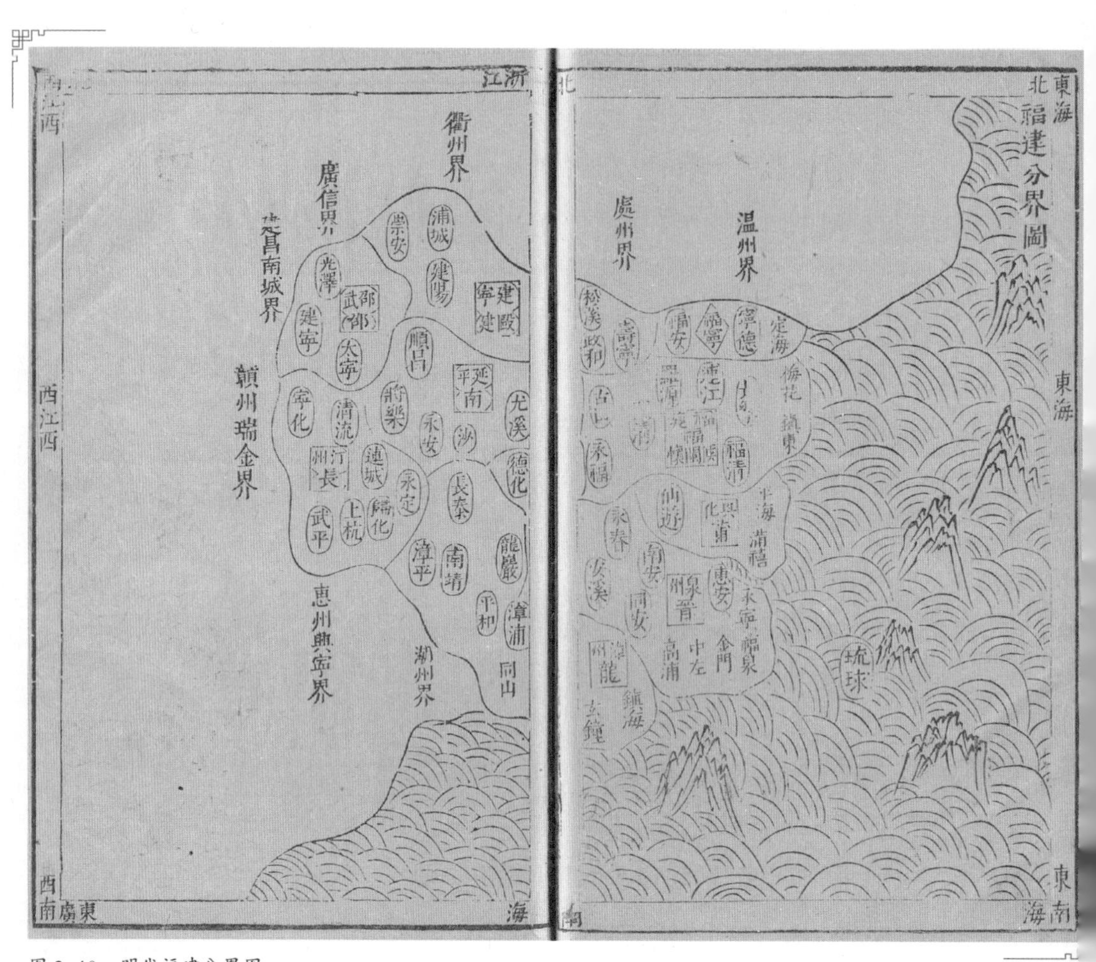

图 2-10　明代福建分界图

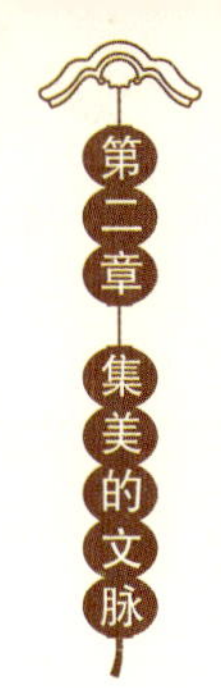

高浦千户所城在抗击明代倭患的战争中发挥过重要作用。明正统十四年（1449 年），倭寇和海盗船 200 多艘围攻高浦城，被高浦军民击退。在这次战斗中，有百余名义士殉难，故城中建有“百义祠”，奉祀亡灵。

现存于厦门大学人类博物馆的《都闸钟山傅君保全高浦海城碑记》（残碑）还有嘉靖四十四年（1565 年），傅钟山曾踞城退敌，保一方平安的事迹的记载。

最令人振奋的当属戚继光抗倭的战绩。嘉靖年间，定远侯戚继光奉旨入闽剿倭“视师驻此”，《戚少保年谱耆编》等史料详细记载了这段历史：

明嘉靖四十二年冬（1563 年），倭寇偷袭高浦城。高浦城只有本地千户率数百人坚守，面临上万倭寇攻城，岌岌可危。就在高浦城危在旦夕之际，戚家军赶到，倭寇慑于戚家军威名，仅围城一天就仓皇撤围逃离，戚家军于是就驻扎在易守难攻的苎溪一带伺机予以歼灭。当时进入闽南的戚家军不到六千人，无法兼顾各处防守。戚继光即以福建总兵的身份，组织动员本地各城寨百姓，坚壁清野，并缉拿暗中接应倭寇从中图利的土匪，断敌接济。在探听到倭寇动向后，戚继光亲自赶到深青驿察看地形，侦察敌情，制定作战方案。次年二月初三凌晨，戚家军从苎溪等地出发，连夜行军二三十里，于拂晓前赶到深青驿及附近的树林中埋伏。天亮后，狡猾的倭寇没有走大路靠近深青驿，反而沿着山路逃窜。眼看歼敌的良机就要错过，戚继光当机立断——“追”。倭寇来不及逃走，见戚家军比自己人少，却反扑过来。戚家军摆开阵势迎敌，从中午一直战到天黑，以少胜多，歼灭倭寇几千人，解救被倭寇劫持的老百姓三千多人，戚家军一路趁胜追击，于二月十五日再获大捷，将这股倭寇彻底打垮。

从此之后，再也没有大股倭寇敢到福建抢掠，福建沿海数十年的倭患得以基本解决。《戚少保年谱耆编》中的三首“铙歌”（纪

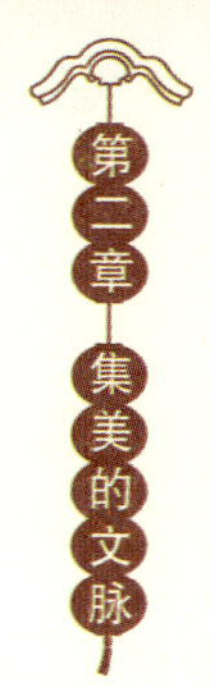

念胜利的诗篇），就分别与高浦城、苎溪桥、深青驿等集美古迹有关，谨摘录并意译如下：

其一：

嗟彼高浦蕞而土，暴贼突来今为虏。朝飞羽书，夕闻征鼓。将军之师真时雨，雨霈氛消，烝人胥宇。

意译：高浦城啊只是海边弹丸之地，残暴的倭寇突然攻来要把城里的军民都变成俘虏。城里的军民早晨写信向戚将军求救，傍晚就听到了戚家军征鼓声。戚家军真像场及时雨，一下子就把倭寇赶得远远的，老百姓都走出家门查看自己的房子有没有受损，恢复正常生活。

其二：

苎溪之涯，维石嵚崎。营壁垒，树旌旗。贼避三舍莫敢窥。贼不得食我且炊，獍鹫远遁熊虎驰。天声震动，苎溪之涯。

意译：苎溪的岸边，一片巨石险峻。戚家军在这里建造军营，树起旌旗，倭寇躲得远远的不敢靠近。倭寇抢不到东西没食物吃，我们戚家军营地却升起了袅袅炊烟。这情形如熊和老虎奔跑，恶兽们纷纷躲避。将士们的欢呼声回荡在苎溪两岸。

其三：

菀菀深青，毒雾冥冥。我师宵发，贼胡敢以。宁雾树开伏甲起，前驱狼跄悉奔徙。还系累，芟豺兕，归来何曾遗一矢。

意译：草木葱郁的深青驿，春雾浓浓，伸手不见五指。戚家军在半夜出发，凌晨时埋伏就位，就等着敌人上钩。浓雾散去，伏兵冲出树林向倭寇勇猛冲杀，倭寇被杀得狼狈逃窜。戚家军凯旋归来，这才发现在刚刚大战中，竟没有一人被倭寇射伤的，这场大战赢得真是干净漂亮。

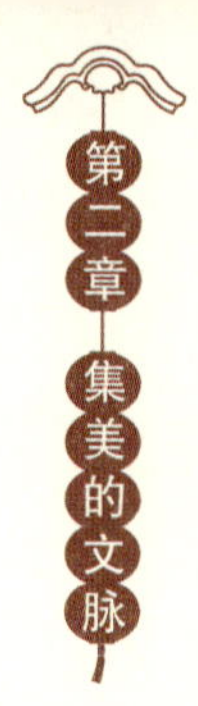

高浦千户所城城中竖有三米多高的大石碑，镌刻着筑城、建街、抗倭等历史。当时，城中商铺林立，是高浦城周围方圆数十里内的集市贸易中心；城内外有书院、社学等文教设施，戚继光还亲自在高浦城中创建书院，军民称之为“戚公院”；还有众多的宗祠、神庙，为纪念戚继光的文功武德，百姓在东门内西侧建有“威震宫”。

延平故垒：即集美寨遗址。集美寨，位于集美镇东南侧海边，系民族英雄郑成功军雄据金厦时期所兴建，一以抗清复明，又以谋划收复台湾。康熙十八年（1679年），郑成功之子郑经命部将刘国轩固守地势险要的浔尾海滨，建寨屯兵，操练水师，与高崎寨互为犄角，扼控厦门岛北部海面。今仅存石寨门及两侧石墙。寨门高3.08米、宽1.68米、厚0.65米，寨墙残长1.04米、高3.5米、厚1.6米。寨门后东北侧有两块岩石，石旁有一尊旧铁炮，一岩石上勒刻隶书的“延平故垒”四个字，为民国二十年（1931年）陈嘉庚嘱人镌刻，以铭记一个民族不屈的精神。寨后西北侧有一

图 2-11

图 2-12

图 2-11　1931 年冬，陈嘉庚嘱人题刻“延平故垒”于石寨门旁的巨石上

图 2-12　集美寨遗址

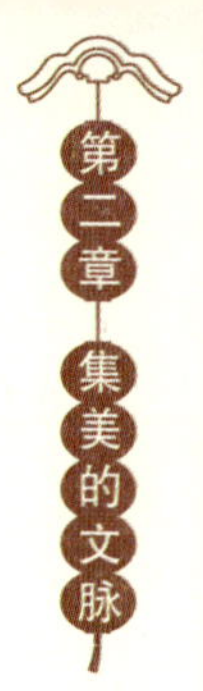

棵古榕树，枝叶茂密，覆盖寨门，形成一古色盎然的自然景观，耐人观赏。

城内城：清康熙元年（1662 年）八月，清政府在泉州府同安县仁德里十三都（今集美后溪镇）建城池，福建总督李率泰、同安总兵施琅等负责督造。清政府为围困郑家军的抗清武装，实行以垣为界，以外尽虚其地，城内城即是在此形势下建成的界城。周长约 1.5 千米，面积约 8 公顷，城墙宽 7 米，设城门四座，上有城楼。今存有北城门（拱辰门）以及南城门（临海门）门额题刻。

（五）出海入藩，谋生拓壤

明清至民国期间，集美人口不断繁衍，“山多田少，树艺无方。土地所出，不给食用。走四川，下南洋，离乡井，背父母，以蕲补救，未及成童，既成游子，比比皆是”。为了谋活路，维持家庭生活，改变个人或家族的命运，躲避战乱，集美人一次又一次、一批又

图 2-13　后溪城内城遗址

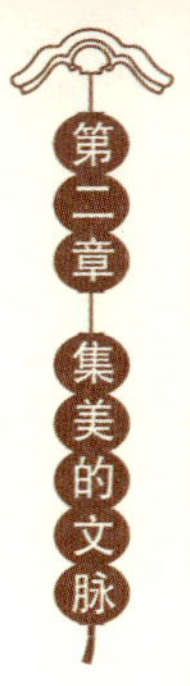

一批地出海入藩。据1935年中国太平洋学会对流民出洋的原因所做的调查显示，因经济所困而被迫出洋者占69.95%。

其中，较为突出的阶段是“迁界禁海”时期。清顺治十八年（1661年），郑成功收复台湾，作为抗清基地。清廷为断绝郑军的给养渠道，实行迁界禁海政策。

明知“过番”经历千难万险、吃尽千辛万苦，闽南人仍然勇于前往。同时，番客经年不息地一次次出洋入藩、回乡返梓，也给集美人文带来了以南洋文化为主的异域特质。

一首首“番客”歌谣诉说着集美乡民最初出洋的风险与无奈：

《一溪目汁一船人》

一溪目汁一船人，一条浴布去过番。

钱银知寄人知返，勿忘父母共妻房。

火船驶过七洲洋，回头不见我家乡。
是好是劫全凭命，未知何日回寒窑。

《过得番来更艰难》

家里贫穷望过番，过得番来更艰难。
三年同人做新客，日里难熬夜难挨。
讲起过番我就愁，挑到锡泥过浮桥。
千转过得莫高兴，一转失脚就勾勾。

《阿哥出门去过番》

阿哥出门去过番，穷人眼泪洒不完。
恩爱夫妻今日散，鸳鸯两地各孤单。
阿哥出门去过番，好比飞鸟入深山。
目汁流像河中水，同情分手舍情难。
阿哥出门去过番，老妹送郎到海滩。
双手攫紧郎衣角，问哥几时回唐山。

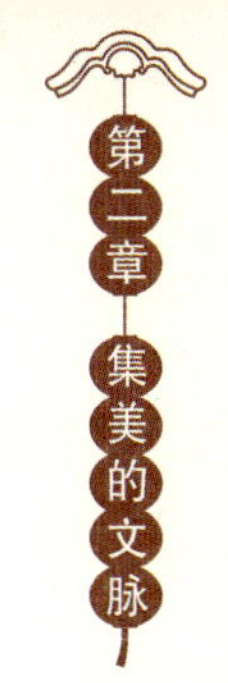

阿哥出门去过番，日思夜想想唔完。
一日唔得一日过，好比利刀割心肝。
阿哥出门去过番，早晨望郎日落山。
一东一西相思苦，见天容易见郎难。

（六）百年集美，卓越辉煌

1. 文教繁荣

民国时期，集美属地仁德里包括：孙厝、板桥、集美、英村、苏营、兑山、珩山、岩内、下店等地；安仁里包括：后溪、杏林、高浦、曾营、马銮、前场、灌口、深青等地。

1913 年，陈嘉庚先生怀着兴学报国的雄心壮志，以开拓者的远大目光，先后创办了两个小学，开启了集美学村的创业史。从此，集美的发展与“陈嘉庚”这个名字联系在一起。

这一时期，社会文明变革在动荡中艰难前行，而陈嘉庚却能以人文教育兴社会。

陈嘉庚在集美相继创办小学、幼儿园、中学，师范、商科、水产、航海、农林等职业学校。同时，他还创办厦门大学及在全省20个县市支持和赞助73所中小学的办学经费。此一时期，仅从小学校的蓬勃兴起，就足见集美现代基础教育已然启航：

1911年，曾广庇、曾上苑在曾营创办龙山小学和龙山二小，后于1915年又创龙山女学（三所学校合并为曾营小学）；

1915年，张家两创办东安小学；

1916年，周文煌创办杏苑小学；

1917年，林顺吉创办凤翔学校和凤翔女校；

1920年，华侨集资创办銮江学校（今马銮小学）；

1921年，陈宗河、陈少瀛、陈世恒、陈怀水、陈老箭创办莲山学校（今三社小学）；

1921年，公办西亭学校（今西亭小学）；

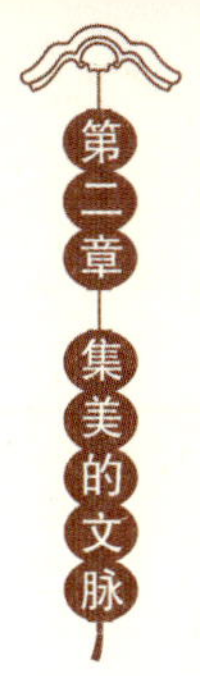

1921年，郑螺生创办仁德小学（现为后溪小学），又与王锦堂创办励生学校（今城内小学）；

1921年，公办浒井学校；

1921年，许希仁资助创办公立衍山学校（今衍山小学）；

1921年，翁策助资助创办公立英村学校；

1921年，公办东保小学（今东辉小学）；

1924年，公办西滨学校和西滨女校（今合并为西滨小学）；

1924年，李重义创办陇西学校（今兑山小学）；

1926年，公办明德女校（后并入高浦小学）；

1926年，华侨集资创办碧溪书院（今碧溪小学）；

1931年，华侨集资创办凤林小学；

1937年，后溪岩内村民自筹经费，创办东浦小学（今岩内小学）；

1938年，锦园村成立家长董事会，创办锦园小学；

1940年，曾呈宗创办李林小学；

1942年，华侨集资创办上塘小学（后并入灌口中心小学）；

1944年，集资创办上浦小学（今双岭小学）；

1945 年，华侨集资创办前场小学；

1946 年，华侨集资创办后 垵小学；

1947 年，孙炳炎继办由陈嘉庚于 1920 年创办的乐安小学；

1948 年，陈上坑创办东边小学。

至 1949 年新中国成立，今集美境内已有职业院校、中学、小学和幼儿园达 42 所之多，形成规模宏大的文化教育区域。

集美学村是集美人文的璀璨明珠，也是陈嘉庚兴教一方的人生印章。一百年来，以陈嘉庚为代表的集美华侨以无与伦比的无私情怀、个人魅力、诚毅精神、现代思想，将集美塑造成一处序黉云集、贤达齐聚、实业兴盛、开放包容的人文高地，在祖国命运多舛的年代里，涌现了一幕幕感人泪泣的历史剧照。

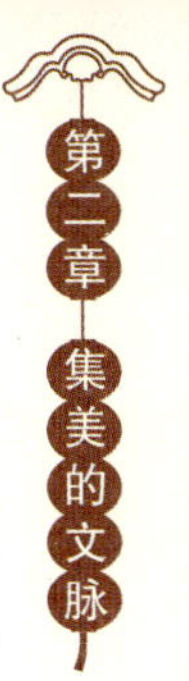

2. 基建壮举

（1）高集海堤

1950年春，陈嘉庚提出在高崎至集美之间的厦门海峡修建海堤的建议，经专家讨论，认为厦门地处海防前线，港口被国民党军封锁，修建桥梁易遭受空袭威胁，加上技术及器材供应的限制，修筑石堤是唯一可行的办法。同年秋，华东军区司令员陈毅到厦门视察时赞同这个建议，他先后三次上书毛泽东主席，得到批准。1952年，主持中央财政工作的陈云从国家预算外的基建投资中拨出1300万元作为修建海堤的工程款。工程由叶飞省长、梁灵光副省长主持，张维兹市长负责组织施工。1953年6月17日，国务院批准建造海堤的工程计划任务书，随即成立厦门海堤工程指挥部，开始勘测、钻探、绘图、整理资料，进行典型试验性施工，集中全力做好技术设计；建立各级指挥机构，调集大批干部、工人，建立各级党、团、工会组织；全力组织各项物资供应，调运器材和生活资料，搭建工棚和仓库，建立各种管理制度。

图 2-14　移山填海，要战胜这样汹涌澎湃的浪潮（1954 年 李开聪 摄）

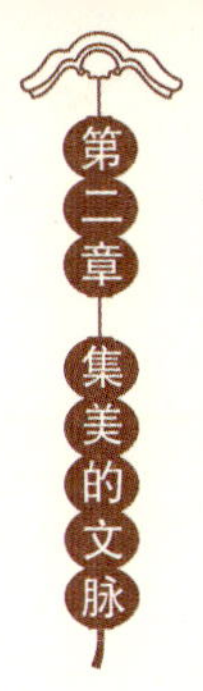

根据高集海峡的水文、气象、地质等实地勘测结果，海堤工程指挥部决定采用斜坡直墙混合式堆石堤的办法。施工中，高集海堤屡遭台湾当局飞机的袭击，有 150 余名干部、工人被炸身亡。全体施工人员将生死置之度外，坚守岗位，坚持施工，终于在 1955 年 10 月完成。为纪念厦门军民跨海筑堤的创举，1955 年 10 月 1 日，在高崎堤头树立“厦门海堤纪念碑”，1960 年秋，朱德为纪念碑题写“移山填海”四个大字。厦门海堤工程指挥部撰写碑文，建造“观堤亭”，登亭观堤可一览集美全景。

生有涯愿无尽，心填海力移山。郭沫若曾作诗《咏高集海堤》：“控海鼓东风，长堤御铁龙，金门晴霭外，黄舍碧波中。劲足重洋小，心雄万厄空。岛今成半岛，宏伟见人工。”

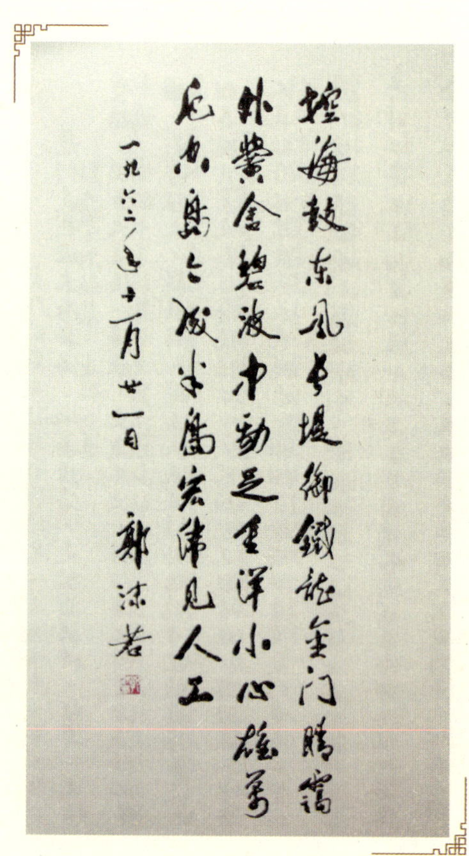

图 2–15　《咏高集海堤》（郭沫若 作）

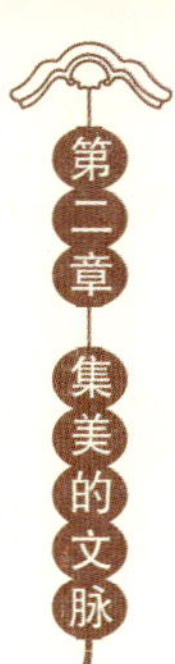

图 2-16　新通车的高集海堤

图 2-17

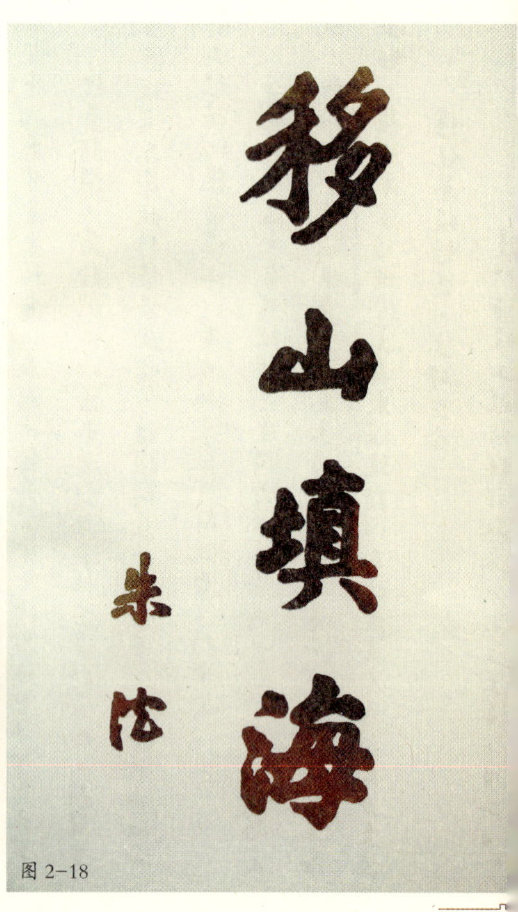

图 2-18

图 2-17　厦门海堤纪念碑

图 2-18　1960 年，朱德委员长亲笔为海堤纪念碑题写“移山填海”

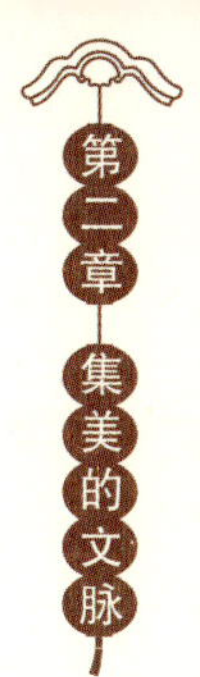

厦门海堤纪念碑碑文

厦门是我国东南要港，四面环海，是闽南政治、经济、文化重镇。因与大陆隔一海峡，交通不便，对经济之繁荣与海防之巩固，影响很大。解放前，闽南人民及海外侨胞曾建议填海筑堤，但在国民党反动政府统治下，人民愿望不能实现。解放后，中央人民政府根据广大人民要求，批准了中国共产党厦门市委员会和厦门市人民政府的筑堤计划。于一九五三年六月正式动工修筑，历时二年又三个月，至一九五五年国庆节完成了全部工程。海堤全部以花岗石砌成，长二公里又二一二公尺，顶宽十九公尺，深水处有航道可通舟楫，用石七十余万公方，修筑经费一千万元。修筑期间，万余职工以忘我劳动与无比英勇的气概，战胜了惊涛骇浪与蒋贼的袭扰破坏，积极开展劳动竞

厦門海堤紀念碑文

厦門是我國東南要港，四面環海，是閩南政治、經濟、文化重鎮。但与大陸隔一海峽，交通不便，對經濟之繁榮与海防之鞏固，影響很大。解放前，閩南人民及海外僑胞曾建議填海築堤，但在國民黨反動政府統治下，人民願望不能實現。解放後，中央人民政府根據廣大人民要求，批准了中國共產黨厦門市委員會和厦門市人民政府的築堤計劃，於一九五三年六月正式動工修築，歷時二年又三個月，至一九五五年國慶節完成了全部工程。海堤全部以花崗石砌成，長二公里又二一二公尺，頂寬十九公尺，深水處有航道可通舟楫，用石七十餘萬公方，修築經費一千萬元。

修築期間，萬餘職工以忘我勞動与無比英勇的氣概，戰勝了驚濤駭浪与蔣賊的襲擾破壞，積極開展勞動競賽，使這移山填海的工程得以提前竣工，有力的支援了解放台湾鬥爭。

海堤築成後，自然改觀，厦門与大陸聯成一氣，這工程的完成，應歸功於中國共產黨和毛主席的英明領導，工人階級的辛勤勞動，蘇聯專家的國際主義友誼援助以及福建省人民的大力支援。

謹紀築堤經過，立碑留念。

厦門海堤工程指揮部敬立 一九五五年十月一日

图 2–19　厦门海堤纪念碑文

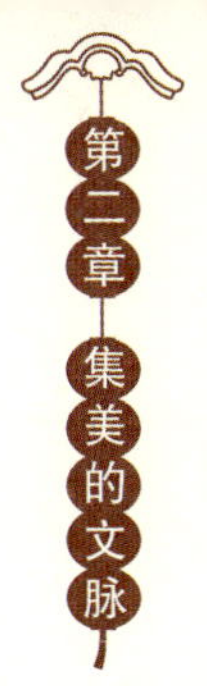

赛，使这移山填海的工程得以提前竣工，有力的支援了解放台湾斗争。海堤筑成后，自然改观，厦门与大陆联成一气。这工程的完成，应归功于中国共产党和毛主席的英明领导，工人阶级的辛勤劳动，苏联专家的国际主义友谊援助，以及福建省人民的大力支援。

谨记筑堤经过，立碑留念。

厦门海堤工程指挥部敬立

一九五五年十月一日

图 2-20

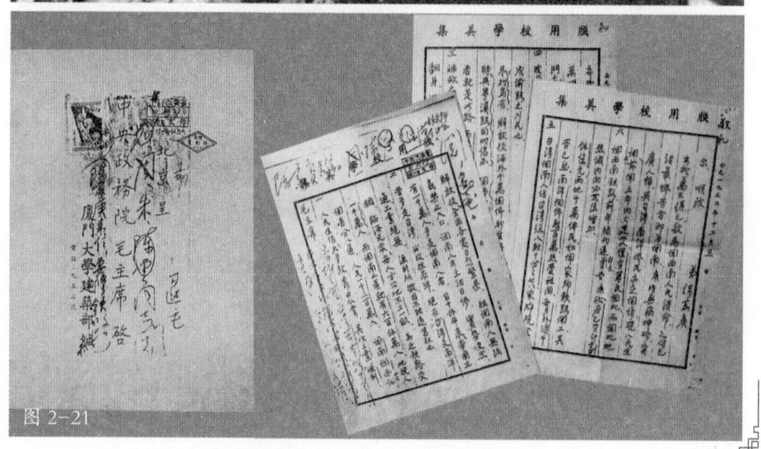

集美學校用箋

中央政務院 毛主席 啓

廈門大學建築部緘

集美學校用箋

图 2-21

图 2-20　高集海堤进岛引水管道施工现场（1974 年）

图 2-21　1952 年陈嘉庚致函毛泽东主席，建议在福建修筑铁路

（2）鹰厦铁路

鹰厦铁路背后的故事

（华侨博物院原院长陈永定口述、李玉清整理）

1983年2月11日上午，刘澜涛先生莅临陈嘉庚先生亲自缔造的厦门华侨博物院。汇报座谈会上，我坐在刘澜涛先生边上。会议间隙刘澜涛侧过身饶有兴趣地对我说："告诉你一个秘密，建设福建铁路，是毛泽东亲定的。"原来，刘澜涛先生对于福建铁路建设的提案及办理过程知之甚详。1950年3月27日，陈嘉庚在新加坡福建会馆会员大会上，首次提出建设福建铁路的建议。同年6月，全国政协一届二次会议上，陈嘉庚正式向大会提出修建福建铁路的建议。他认为福建交通如此落后，铁路早建早好，不宜拖延。1952年5月，他上书毛主席，恳切地陈述建设福建铁路的重要性和必要性。毛主席接信后，即批给其他中央领导同志阅研。

陈嘉庚后来得知，福建铁路计划分二步，一步先从鹰潭到闽北，第二步才到厦门。为此，陈嘉庚于同年12月5日再次上书毛主席，建议福建铁路建设应从鹰潭入闽后直达厦门，一步到位。陈嘉庚的提案上报全国政协提案办理会议审议。这次会议，毛主席亲自参加，刘澜涛等中央领导同志与会。当时，铁路建设项目的政协提案有两件，一件是陈嘉庚的提案即福建铁路建设，另一件提案即毛主席家乡湘潭铁路建设。由于刚解放，全国百废待兴，建设资金缺口之大可想而知。与会中央领导讨论后，毛主席当场决定：先行建设福建铁路。

1956年12月，鹰厦铁路及厦门海堤建成通车，有力地促进了福建沿海和内地经济建设的发展，使福建和厦门成为祖国统一大业坚固的前沿阵地。现在看来，当年的决定是英明正确的。回想刘澜涛先生透露的这个“秘密”，深为毛主席的伟大胸怀和高瞻远瞩所感动。他不因湘潭铁路关乎自己的家乡而优先考虑建设，而把国家

的整体利益摆在首位。正是因为有这样的胸怀，他接纳了陈嘉庚的两次上书建议，亲自参加会议，亲自决定建设福建铁路。

鹰厦铁路是新中国成立初期，经党中央和国务院审批，继成渝铁路之后第二条开工建设的干线铁路。它以铁道兵部队为主力，以闽赣两省人民为后盾，在有关党委和政府直接领导下，发扬艰苦奋斗、顽强拼搏的革命精神，在不到两年的时间里，修通了一条从鹰潭到厦门的铁路，实现了福建人民和海外侨胞多少年来的夙愿，为福建的经济建设和各项事业的发展做出了巨大的贡献。

横跨闽赣两省、全长694公里的鹰厦铁路，投入了5千万个劳动人日，实际耗资4亿元（原计划5.5亿元，节余1.5亿元），于1956年12月9日胜利建成。1957年，铁道部组织中外专家对刚建成的鹰厦铁路进行全面检查，专家们的总评语是：工程独特，质量良好，进度很快，造价低廉。

图 2-22　1960 年代的鹰厦铁路前场编组站

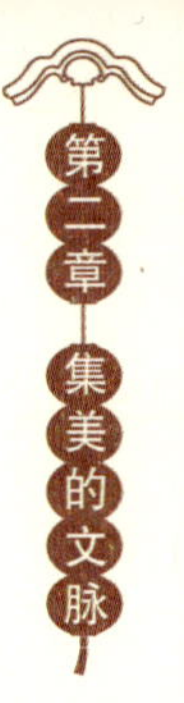

鹰厦铁路的迅速建成通车，开创了我国铁路史上在艰难复杂的地理环境中，成功地修建近700公里铁路的范例。修建鹰厦铁路之所以艰难，是因为它必须穿过连绵不断、重重叠叠的崇山峻岭（特别是武夷山和戴云山）；它必须跨过纵横交错的几十条河流（尤其是闽江和九龙江）；它还必须通过海阔水深的海洋（杏林湾和厦门海峡）；它还要挖填土石方6790万立方米，高填深挖工程690处，打通47座总长14公里的工程隧道，架设159座总长18公里的桥梁，灌筑1658座总长33公里的涵洞，新建大小车站44处，铺钢轨10多万根、枕木102万条。

面对如此艰巨的铁路工程，筑路大军不怕困难，不畏艰险，在贯彻“基本全线铺开、全线动工”的方针指导下，集中优势兵力，着重围攻咽喉工程大禾山、心脏工程赤头坂、杏林湾和厦门海峡三大关键工程，为全线贯通立下汗马功劳。数十载，鹰厦铁路经历了多次的改造与提速，大致可分为三次变革：蒸汽机车、内燃机车、电力机车。蒸汽机车是实实在在的“火车”，每隔20秒，司炉就要往锅炉里加煤，时速仅有25公里；后来动力升级，

图 2-23　集美民工创造的滑行道（1954 年）

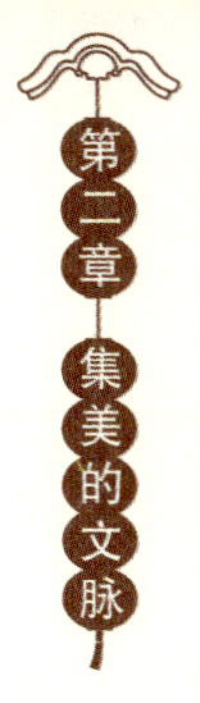

使用的是内燃机车，但其最大的特点是噪音大，司机交流都得扯着嗓门；1986 年鹰厦铁路进行电气化建设，1993 年 12 月全线电气化开通，鹰厦线时速提高到 60 至 80 公里。更值得一提的是，当年参加修建鹰厦铁路的工人，除了 12 个师的铁道兵外，还有 10 万多名民工和来自福、泉、厦、漳等地的学生。

自 1998 年起，福建铁路建设发展史掀开了新的一页。峰福、赣龙、向莆铁路和杭深、合福高铁等线路陆续建成通车，鹰厦铁路依然是连通“海上丝绸之路”和“陆上丝绸之路”的重要货运通道。2015 年 8 月起，厦门自贸区每周至少始发开行 1 趟前往欧洲的中欧国际货运班列，这趟经鹰厦铁路南端“飞天而起”的现代国际物流“巨龙”，成为助力“一带一路”发展的新引擎。2016 年 6 月底，厦门前场铁路大型货场正式竣工开通，采用贯通式、整列到发装卸线的作业区，实现整列货车进入装卸区，整列开出的快速到发模式，极大地提高了效率。内陆地区货品通过鹰厦铁路运输抵达厦门，再从厦门口岸运往世界各地，助力厦门打造千亿现代物流产业链。

图 2-24　火车穿山跨海挺进厦门（1957 年）

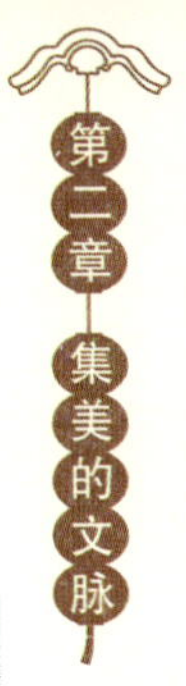

图 2-25　集美新城交通四通八达，图为集美大桥

数十年来，鹰厦铁路承载了几代人的希望，传承着“万水千山只等闲”的革命精神。历史的车轮滚滚向前，福建铁路已从无到有、由线成网，进入了“陆地飞行”时代。

3. 新城崛起

今天的集美，在“华侨旗帜，民族光辉”的照拂下，继承嘉庚精神，书写华侨文化、闽南文化、学村文化，已然是舟车串流、

图 2-26　集美新城核心区焕发新颜

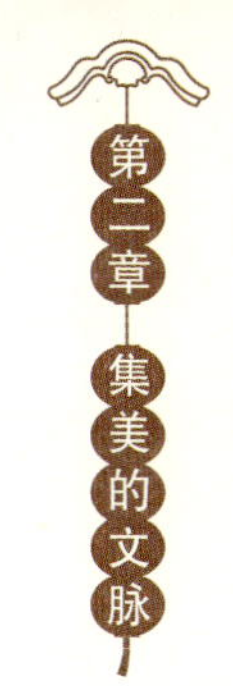

百业兴盛、经济繁荣、人文昌瑞，嘉庚先生高瞻远瞩写给未来的信，在数百平方公里的土地上悉数呈现；“忠公、诚毅、勤俭、创新”，成为集美最高的人文信仰。

集美新城是厦门跨岛发展的第一座全新的美丽城区，位处市域几何中心，是进出厦门岛的交通门户，背依天马山，环抱杏林湾，规划总用地面积 77.7 平方公里。在全新的蓝图上，以集美的山水人文为笔墨，勾画出人居环境优美、产业业态高端、文化品位高尚、

图 2-27　天马山

创业条件优越、功能配套完善，具有滨水特色的环湾生态型人文新城。

“魅力新城，文化至上”的集美新城，发轫于百年集美学村的文教区之腹；添彩于山、海、湖环伺的旅游区之中；依傍于活力勃发的科技工业区之身。天地人和，璀璨夺目，已然一幅大城格局铺展于海西大地。

集美，跨岛发展、高素质、高颜值的最美新市区，拥有可聚集 20 多万人才的厦门软件园三期、吸引 20 多万师生的集美文教区、年接待 300 多万游客的全球最大马戏城“灵玲国际马戏城”和老院子景区、入驻 400 多家企业的杏林湾商务运营中心、国际创新科技引领下的未来世界体验“诚毅科技探索中心”、集美艺术门户“嘉庚艺术中心”、掌控城市知识与气质的“诚毅图书馆”、让心灵沉浸与释放的“市民文化广场”、首席体验式文化商场“诚毅书城”、嘉庚主题建筑风格的南广场下沉式风情商业街……这座台湾青少年登大陆进行研学旅行的第一家园，这座“宜居、宜业、

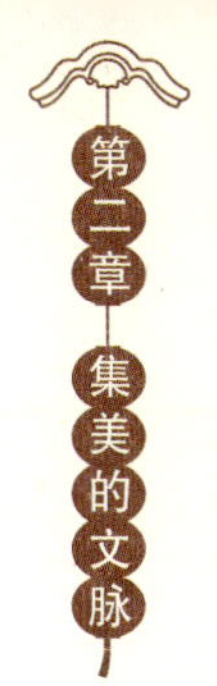

宜行、宜游、宜学”的“五宜”新城为人文集美增光添彩。

4. 工业腾飞

龙非池中物，乘云欲上天。集美得天独厚的人、事、物、地，汇聚而成的每一次脉动无不是时代的强音。

1956年，中共厦门第一次党代会上重点讨论“厦门是海防前线，能不能进行工业建设”的问题。讨论统一了思想，明确了发展工业的重要性。会后，市里提出在杏林、同安、灌口三个候选地创办工业区。经过反复勘测、论证，最后选定丘陵地带的集美杏林，原因如下：

第一、知名度高。杏林这一方土地因杏集海堤的建成、鹰厦铁路的通车而知名度大大提高。

第二、交通发达。鹰厦铁路过境向东经海堤至厦门岛内，厦漳公路干线穿境而过，区内海岸线长，沿岸为浅滩，涨潮时可行百吨级船只，如航道稍加疏浚则可行三五百吨级船只。

第三、发展空间大。杏林依山傍海，东临二十多平方公里的杏林湾，面对风景秀丽的集美学村，两座雄伟的10里长堤直接连贯厦门本岛，面积15平方公里，发展余地大，地质优良，地势平坦开阔。

第四、气候宜人。可以充分利用三面环海的优越自然条件。

总之，选择集美杏林，是在当时的历史机遇下果断做出的明智决定。

1958年，杏林成为厦门市的一个工业区，规划面积16.5平方公里。在这处女地上陆续兴建了玻璃、火电、纺织、制糖、化纤、化肥、建材等17个国营工厂，形成纺织、化工、建材、冶炼等现代工业基础。

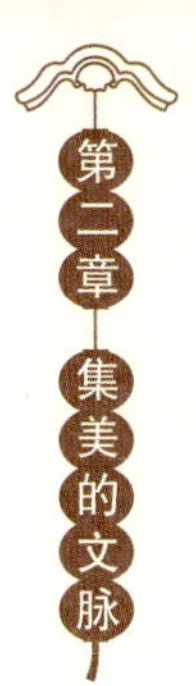

至1960年，基建投资6423万元，建设项目37个，其中大型3个、中型4个、小型30个。先后建成投产的工业企业有厦门综合玻璃厂、杏林电厂、厦门冶炼厂、第一化纤厂、厦门化肥厂、厦门塑料厂、棉纺织厂、厦门糖厂等。区内道路、航道和生活生产设施的配套建设亦陆续跟进。

图2-28　1960年建成的杏林工业区第一幢楼房

1978 年杏林建区，工业总产值达 7000 多万元，占全市工业总产值的近四分之一。

1980 年，工业区实现工业产值 7.4 亿元，基础工业形成规模化。

1981 年，国家在厦门设立经济特区。厦门市政府相继在杏林工业区投资建设冰醋酸厂、利恒涤纶有限公司，扩建杏林电厂，嫁接外资改造第一化纤厂，成立华纶有限公司。杏林工业区成为

图 2-29　关于成立杏林区的通知（1978 年 8 月 12 日）
图 2-30　1978 年 9 月 1 日，正式挂牌成立杏林区

图 2-31

图 2-32

图 2-33

图 2-34

图 2-31　1988 年，厦门利恒涤纶有限公司引进国际先进水平的聚酯切片、短纤生产装置

图 2-32　1992 年 7 月，厦门纺织厂、厦门化纤厂、厦门绳网厂作为国有企业转变经营模式的改革试点单位，共同组建厦门华纶纺织有限公司

图 2-33　杏林电厂 6000 千瓦厂房外景（1960 年 3 月）

图 2-34　福建省厦门电厂主厂房外景（1997 年）

图 2-35

图 2-36

图 2-37

图 2-35　杏林台商投资区建设前的原貌

图 2-36　正在施工的杏林台商投资区（1990 年）

图 2-37　杏林台商投资区通用厂房拔地而起

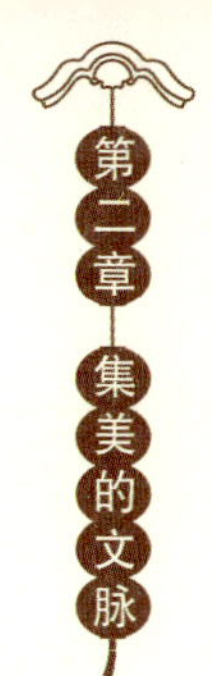

厦门市现代工业基地。

随着海峡两岸关系的缓和，台商来闽投资日益活跃，国务院及时做出兴建台商投资区的重要决策。集美，因其得天独厚的诸多优势和与台湾的深厚渊源，再次被选中。

1989 年，我国改革和对外开放进入一个新发展阶段，杏林台商投资区率先成立，享受厦门经济特区的优惠政策。投资区位于杏林西部，距离市中心 18 千米、厦门国际机场 8 千米，319 国道、324 国道、厦漳泉高速路、鹰厦铁路、福厦及厦深高速铁路穿境而过，交通便捷。在国务院台办支持下，贷款 1.4 亿元，连同收取的土地费，共投入资金 5 亿元，新建道路 26.3 千米，污水排放管道 26.3 千米，雨水排水管道 45.5 千米，11 万伏变电站 2 座，自来水厂日制能力由 8 万吨提高至 12 万吨，程控电话容量扩至 2 万门，并建立集中供热厂，每小时供热能力 40 吨，投资环境大大改善。

图 2-38

图 2-39

图 2-40

图 2-38　厦门义芳鞋业股份有限公司厂门

图 2-39　厦门广懋国际有限公司厂门

图 2-40　福太洋伞有限公司厂门

图 2-41　厦门新凯复材科技有限公司厂门

图 2-42　厦门正新橡胶工业有限公司厂门

图 2-43　来明工业（厦门）有限公司厂门

图 2-44　热火朝天的杏林台商投资区建设

图 2-45　热火朝天的杏林台商投资区建设

图 2-46　热火朝天的杏林台商投资区建设

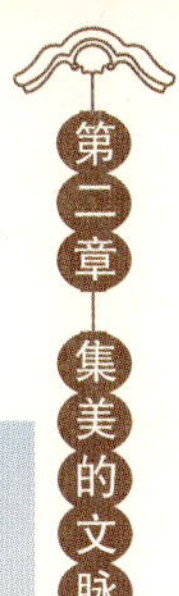

图 2-47

图 2-48

图 2-49

图 2-50

图 2-47　厦杏摩托
图 2-48　NEC 东金电子（厦门）有限公司
图 2-49　厦门信华科技有限公司厂门
图 2-50　东洲（厦门）纺织有限公司

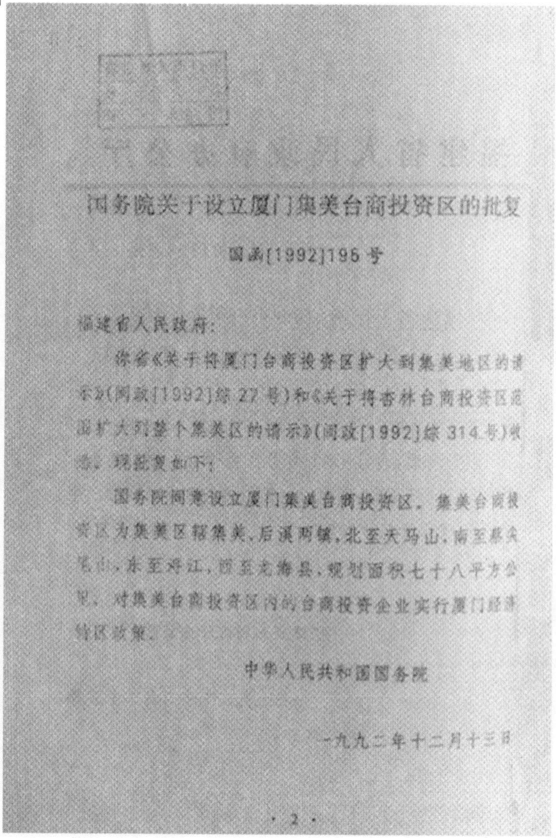

国务院关于设立厦门集美台商投资区的批复

国函[1992]195号

福建省人民政府：

你省《关于将厦门台商投资区扩大到集美地区的请示》（闽政[1992]综27号）和《关于将杏林台商投资区范围扩大到整个集美区的请示》（闽政[1992]综314号）收悉。现批复如下：

国务院同意设立厦门集美台商投资区。集美台商投资区为集美区辖集美、后溪两镇，北至天马山，南至蔡尖尾山，东至浔江，西至龙海县，规划面积七十八平方公里。对集美台商投资区内的台商投资企业实行厦门经济特区政策。

中华人民共和国国务院

一九九二年十二月十三日

·2·

图 2-51　国务院关于设立厦门集美台商投资区的批复

同年11月，第一家台资企业义芳鞋业（厦门）有限公司入驻。仅五年时间，已引进佛大工业、正新橡胶、广懋国际、来明工业、福太洋伞、新凯复材等台资企业数十家。至2004年，累计审批外资项目300个，已开业203个，投资总额22.9亿美元。区内产值超5000万元的企业66家，其中超亿元34家，年工业产值超过150亿元，实现税收6.4亿元。

2006年，厦门（集美）机械工业集中区灌口片纳入杏林台商投资区，开发面积扩至25.21平方千米。当时灌口片的灌口工业组团入驻企业有厦工股份、金龙联合汽车、金龙礼宾车、金龙汽车车身、玉柴发动机、理研工业、民兴工业、江申车架、东风德纳轿车、模具中心、机动车技术服务中心、金龙汽车物流等118家，大大增强了投资区的汽车和工程机械实力，出口客车数量占全国的五分之一，并设有国家级技术中心2个和博士后科研工作站2个。

至2007年，投资区有企业近五百家，以机械、电子、化工、

图 2-52 集美北部工业区

图 2-53 集美台商投资区

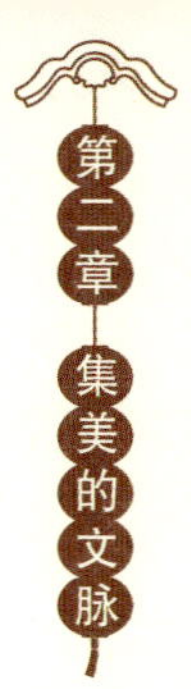

轻纺业为主，工业总产值两百多亿元，实现税收十多亿元。其中，产值超 5000 万元的企业近百家，超亿元的五十多家，超 10 亿元的近十家，台商投资企业超过三百家，产值占该投资区工业产值的八成以上。投资区逐步形成以金龙联合汽车、厦工股份、厦杏摩托为龙头的机械制造业，以东金电子、信华科技为骨干的电子制造业，以正新橡胶、厦晖橡胶金属为主的轮胎橡胶制品业，以华懋织造染整、东洲纺织为龙头的纺织业等四大产业，工业产值近两百亿元，占整个投资区工业产值的七成以上。依据省开发区建设发展综合评价指标体系标准测算，集美（杏林）台商投资区达到国内各类开发区先进水平。

在依托原杏林老工业区的优势条件下，杏林台商投资区筑巢引凤，先后开辟了杏南、杏北、杏西和中亚城四大工业园区，从而推进了杏林老工业区与集美的城市化、工业现代化。

1992 年，国务院又批准在集美北部工业区的基础上设立集美台商投资区。投资区配套建设自来水厂、110 千伏双回变电站、

图 2-54
厦门（集美）机械工业集中区后溪组团

图 2-55
杏林台商投资区

图 2-56
集美（杏林）台商投资区服务中心

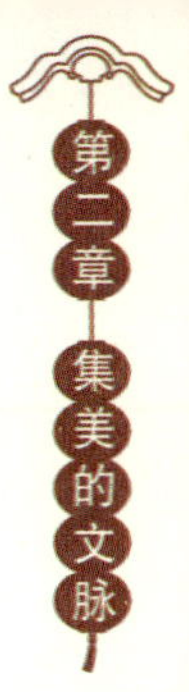

日处理4.5万吨的污水处理厂，实现“六通一平”(路、电、给水、排水、电信、公交六通，厂地平整)，同时完善消防、邮政、金融、环卫、城管等市政服务。引进外商21家，外资8390万美元。

1995年之后，又陆续进行第二期、第三期、第四期的拓展。2004年，在国家级台商投资区中率先通过ISO14001环境管理体系认证，成为国内少有的无烟囱工业区。2007年，投资区有企业450多家，已建成投产的有TDK、宏发电声、林德气体、虹鹭钨钼、立林科技、现代时装等内外资重点企业，以电子电器、机械冶金、服装、食品等轻型、无污染产业为主；产值超5000万元的企业32家，其中超亿元的24家，超10亿元的1家；工业总产值308亿元，实现税收9.3亿元，其中机械、轻纺、化工、电子四大产业的工业产值达263.44亿元，占投资区工业总产值的85.53%。

这样，集美、杏林两大台商投资区形成犄角之势，成为厦门

图 2-57　2008 年 4 月 10 日，杏林湾商务营运中心奠基暨开工

图 2-58　集美新城崛起

经济特区重要的新兴工业基地。至 2007 年，杏林、集美台商投资区工业规划总面积 32.06 平方千米，累计引进外资企业 900 多家（含台资、中外合资、合作企业），其中台资企业 600 余家，占外企总数的 65%；合同利用外资 30 亿美元，实际利用外资 23 亿美元，实现工业总产值近 550 亿元。台商投资区设立后，每年工业增加值占全区国内生产总值的比重和对全区国内生产总值增长的贡献率保持在 40%~50% 之间。

2005 年，在后溪镇新村开发建设省级厦门(集美)机械工业集中区，拥有灌口和后溪两个工业组团，集中区内有机电工业园、电镀城、汽车工业城、涌泉科技园、飞鹏工业园等，后灌口工业组团被划入杏林台商投资区。后溪工业组团至 2007 年，已经实现一期开发 1.13 平方千米，投入资金 1.6 亿元，完成石星路、石星二路、金辉路、白虎岩路、新田路等市政道路及电力管网、人行道、绿化、污水处理站等配套设施的建设；引进企业 67 家，投产 55 家，企业产值 30.7 亿元。驻有新凯航钛、新凯复材、辉耀光电科技、永进鑫模具、多科莫太阳能等 10 家自建企业，年工业产值 43.04 亿元。

纵观新中国成立以来集美区工业发展的轨迹可以看到：杏林工业区的建立，为集美区的工业建设打下了雄厚的基础；厦门经济特区的创办，极大地促进了集美区工业生产的发展，依托特区的优势，逐步完善投资环境，引进外资，兴办“三资”企业，开展“三来一补”，形成对外开放的格局；杏林、集美两个台商投资区的设立，又使集美区进入一个历史性发展的新时期，建成国家级台商投资区仅是迈出的第一步。

一个众星拱月、产城融合的实业新城正在绽放。

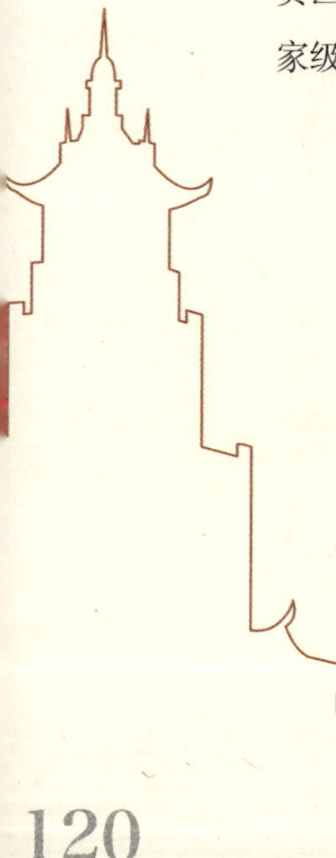

第三章　集美人文的核心
——一精神三文化

图 3-1　祥云集美

集美塔中，蕴藏着集美人文；人文馆内，展示着人文集美。

万世不移者，山；亘古激湍者，水。一方山水铸造一方人文。集美人文的核心，一言以蔽之，“一精神三文化”。

地灵生人杰，嘉庚先生毕其一生倾其全力，资人资地资国，始成“嘉庚精神”；集美先贤勇闯世界，侨民、侨眷、侨乡、侨地，相互滋养、相互扶持，此界故兴“华侨文化”；北民南迁，华侨出洋，故中原文化与南越文化、中华文化与海外文化，碰撞交融，形成“闽南文化”；以嘉庚先生为代表的集美乡侨交替接力，兴教育建学村，辟拓“学村文化”。

集美人文色彩鲜明而有质感，斑斓而有个性；文化底色浓郁温暖，尽显人文关怀。嘉庚精神哺育世人做人做事，华侨文化彰显乡民爱国爱乡之情，闽南文化凸显开放拼搏的地域特征，学村文化尽显重教兴文的远见卓识。

人文馆，集美塔之芯，集美新城之巅，集美之文心，乃天赐之所在，集美一精神三文化尽萃其中：

集天下之大美，诞寰宇之人杰。毛泽东、邓小平、习近平等几代领袖所盛赞的“华侨旗帜，民族光辉”陈嘉庚用一生谱写出集美人的骄傲。习总书记怀念他“爱国兴学，投身救亡斗争，推动华侨团结，争取民族解放，是侨界的一代领袖和楷模。他艰苦创业、自强不息的精神，以国家为重、以民族为重的品格，关心祖国建设、倾心教育事业的诚心，永远值得学习”。这就是“忠公、诚毅、勤俭、创新”的嘉庚精神。

自古闽人出山如登天，闽道更比蜀道难。可终究难不倒临海远眺的集美人，水纳百川聚拢而来，不择曲迁挥洒而去。集美人为讨生活、立事业、学本领、开眼界，过洋而成“番客”。在异国的土地，顶着故乡的日月，用勤劳、智慧、诚信、坚毅、果敢、善良、友爱、帮扶、互助、奉献，用这数不尽的美德，成为了中国走向世界的使者。这就是“爱国、奋斗、贡献、纽带”的华侨文化。

集美人文同系中华民族之文脉，共创中华文明之精魂，却又花开别艳。集美古境夹山海之间，几与世绝，古越闽民在这片大地刀耕火种、饭稻羹鱼，历史的脚步漫长而迟缓。山脉是屏风，保存了集美人古朴又彪悍的率直；山脉也是庇护，引得中原文明衣冠南渡。大海有神秘莫测的力量，将冒险与开拓的闯劲注入集美人的脊骨；大海有无比开阔的世界，任君漂洋过海去拼搏。中原农耕与古越习俗的生活交融、中西文化的思想碰撞，铸就了大陆文明与海洋文明的结晶。这就是“包容、拼搏、情义、信仰”的闽南文化。

大风起于青萍之末。一个村落一转身，竟成“大学规模宏伟之气象”，从“教育颓废，不可言状”，发展到 118 所囊括学前教育到博士教育的健全教育系统。美哉，壮哉，村中有校、校中有村的集美学村。这不是因缘际会的偶然，而是陈嘉庚先生办学兴学 67 载的心血铸成的。习近平主席“春风化雨、桃李满园”的寄语还言犹在耳，“天上有个陈嘉庚星，地上有个集美学村”，已让人心驰神往。这就是“务实、尚德、敦业、活力”的学村文化。

集美文化存古越人的朴实、刚毅，又吸纳古老、优秀的中原文化，再发扬海洋文化的开拓、拼搏，不断丰富和发展了自身文化的先进性和创造性。灿烂辉煌的集美文化哺育了古往今来不计其数的集美优秀儿女，他们又继往开来为集美文化添光焕彩，推动、完善着集美文化向前发展。

“一精神三文化”之集美“灵魂”既成，遂领集美立“骨架”（三横三纵骨干路网跨岛便达生态宜居新城）、丰“血肉”（国家级台商投资区暨软件园助力新兴产业发展）。集美大地风潮激荡、文化碰撞、兼容并蓄、融合开放，注定迈步跨越高蹈宏阔，一步成厦门海湾的中心，二步至闽南金三角的中心，三步趋中华海洋文化的中心、四步当中国面向世界的中心……集美梦，愿为中国梦的先行使者。

图 3-2 集美新城魅力无限

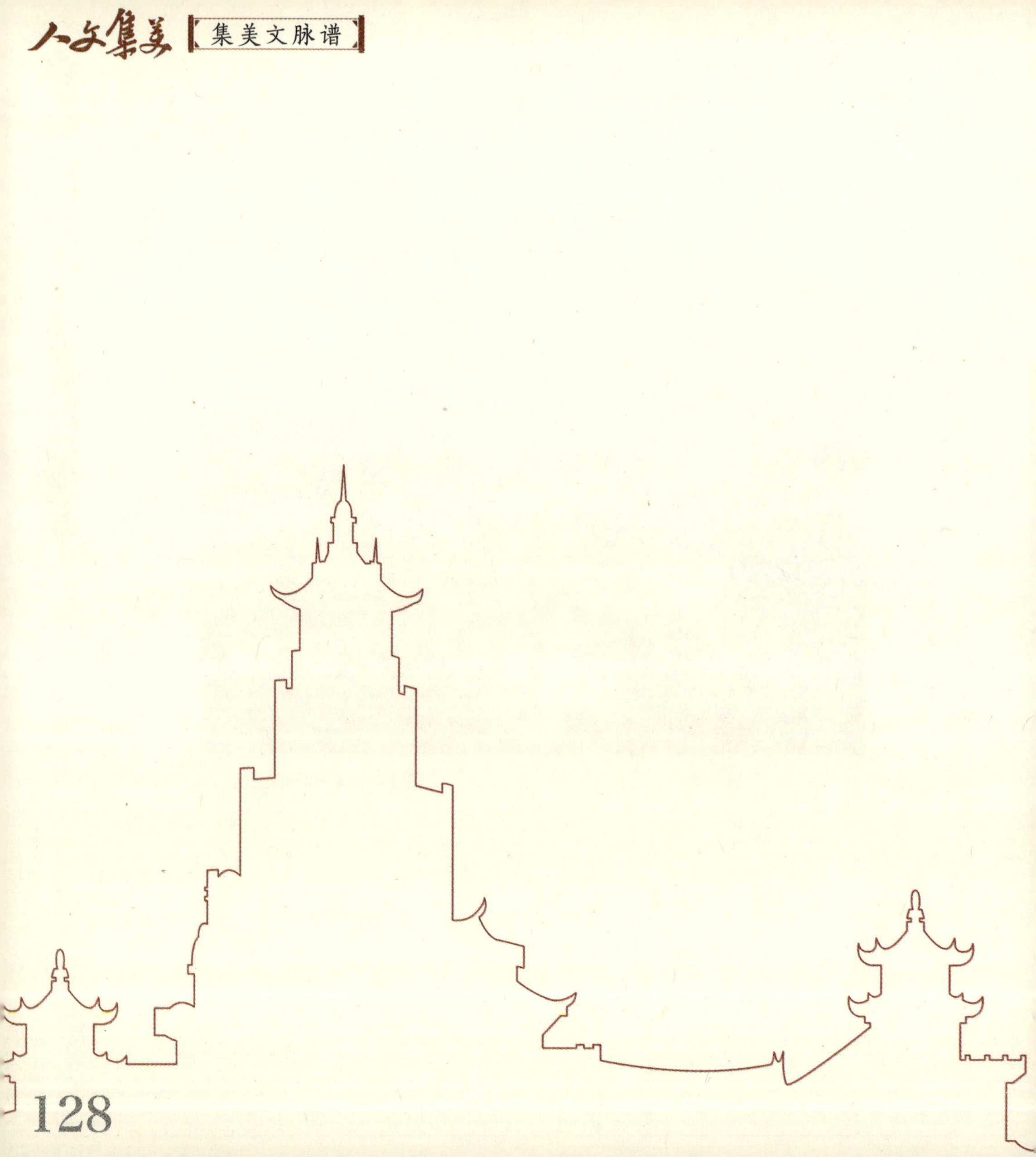

第四章　走近集美
——走进集美人文馆

图 4-1　集美新城之晨

集美，一片慷慨的土地，太平洋暖流从不吝啬它充沛的能量，为“以舟为车，以楫为马，以海为田”的古代集美孕育天风海涛。

集美，一片激昂的土地，郑成功在这里砺兵秣马，维护民族尊严；陈嘉庚倾其所有，以“诚毅”精神回报故国家园。

集美，一片火热的土地，21 世纪的坚定与激情交响，百舸争流，千帆竞发，在社会主义现代化的道路上挥师远航。

集美，一片多情的土地，天马山、仙灵旗山是它坚实的臂膀；杏林湾、马銮湾是它搏击的双桨，带领 80 多万儿女驶入民族复兴的大潮，澎湃向前。

集美，一片悠久的土地，这里无处不飞花，无人不努力。这片土地春雷打过，野火烧过，三角梅层层飘落过；祖先耕过，敌人踏过，集美人携手走过。

图 4-2　集美塔实景

斗转星移，沧海桑田；历经巨变，换了人间。如今的集美，成为厦门经济特区对外开放的重要窗口、西出厦门的重要门户。那一片片崛起的新城，以自己独特的闽南建筑艺术，向世人展示集美人心中瑰丽的中国梦。

“塔势如涌出，孤高耸天宫。”

塔如其形，是我大中华文化底蕴的层层叠加。有塔的地方，一定是名胜古迹，必定人杰地灵、物华天宝。

集美的几何中心地位，集美人的辉煌与梦想，凝聚成一座塔的荣光。

集美塔，名显其意，就是为集美添彩护佑而设。中心对称的四边形塔基，自下而上，逐层收拢，渐成八边主体，似灵动的韵律传向集美的四极八方。木斗拱、坡屋顶、挑飞檐、上起翘，彰显传统、古朴、大气、开放、包容、拼搏、进取的集美雄风。30

吨纯铜打造的 13.3 米高塔刹，闪烁集美之极美。凭栏极目，集美西部蜿蜒的山峰依稀可见，汇聚入海的杏林湾和马銮湾尽收眼底，深青溪、瑶山溪和后溪在百转前行。

集美塔，借山拔起，耸立云天之下，屹然已成集美地标。

集美塔，汇聚集美风光的绝代风华，传递集美城市的现代追求，承载集美人文的历史重担。

集美塔，矗立起光辉的典范，仰望一眼集美塔的伟岸，能叫人挺直腰杆，昂起头颅；触摸一把集美塔的肌肤，能感觉它内心的温热，激励我们奋勇当先。

集美人文馆秀居于集美塔，以无限醇厚人文，拔高有限塔身。

塔内人文馆以多媒体声光电展开文化轴卷，古今携手，尽显一方大地激荡千年的中原与闽越、东方与西方文明的碰撞融合。

集美塔的一层层，集美人文的一面面，都永恒地仰望同一片天空——向上，这是时代的风物见证，也是集美的世道人心。

集美塔的精神高度，让它的视野无以弗远、无比广阔，甚至能呈现集美的前世今生。

集美塔的全角度环视，契合集美敞开胸襟、广纳兼容的气魄。

集美塔座镇新城中轴线，交通便捷，人文馆作为学习传播的基地，借助人来客往的地利优势，必将嘉惠众生。

塔是风水拢聚的宝地，馆是荟萃人文的展陈，两者合二为一，让形式有了内容，让过程有了目的，让灵魂有了居所。从此集美塔有了“镇塔之宝”：一个人、一座城，一精神、三文化。

苍穹之下，美自各异。聚美之地，自是天时地利人和。一塔

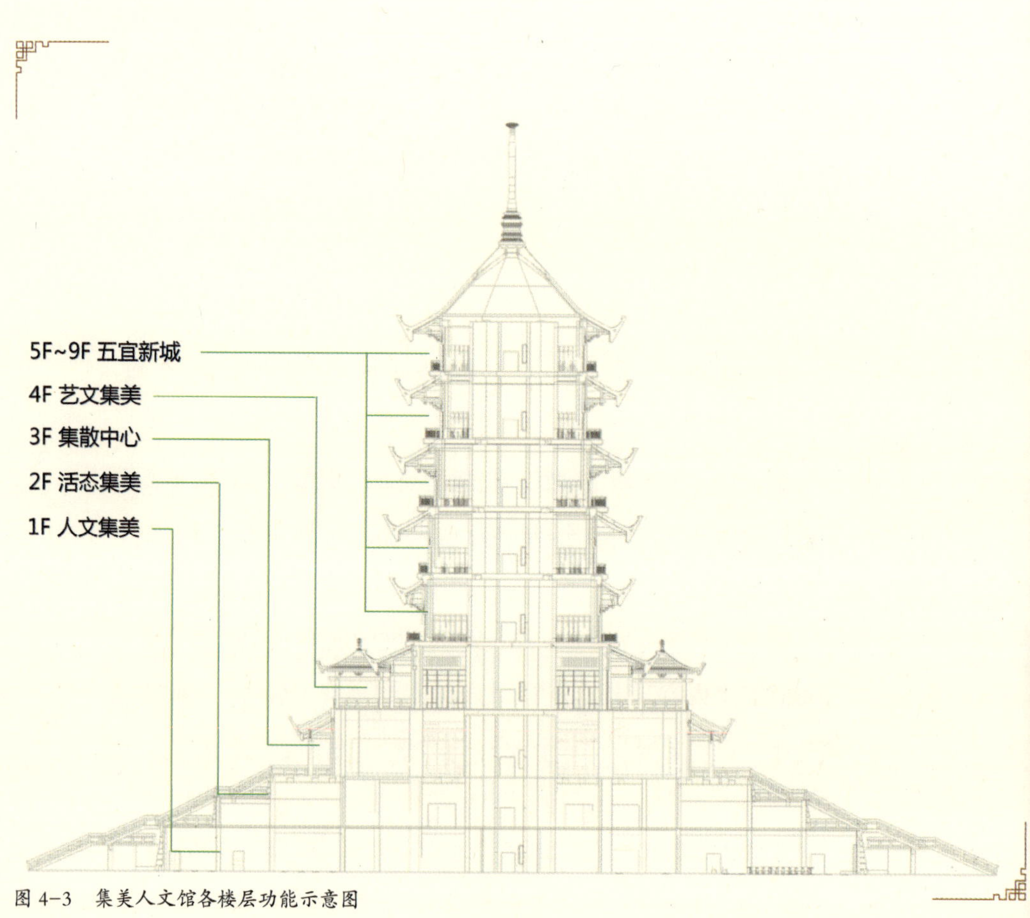

图 4-3　集美人文馆各楼层功能示意图

一馆，在这一山、二湾、三溪的深情注视下，述说世代的精彩。

推开集美人文馆的大门，数千年文明裹挟迎面，突然间感觉我们变小了，皆叹“集美”之唯美。

喜为客者来，好客集美寄寓此行此馆与您结缘“一个人一座城”。

集美人文馆的脚步

一座塔，日夜百计，成一座馆；
一个人，星辉环顾，耀一座城。

直指苍穹，点燃银河日月星辰；
居高临风，俯盖集美市民公园。

集美二字，荟萃傍山倚湖、薰风伴海的扬帆与归航；

人文两语，验视从无到有、从不枯竭的思想与哲理。

东对西，南望北，面面对称；

人哺文，文育人，两厢厮伴。

集美是崇山与大洋的海峤，是自然与历史的活宝，是清新气场的呼吸，是仙子栖息的向往；

人文是理想与信条的凸现，是情感与快乐的文身，是深奥言语的记叙，是心灵诉说的具象。

登则入三；

启则从一。

极目厅序舒，心骛高远、步驱驻足；

次列馆展张，焦聚精神，厚蕴文化。

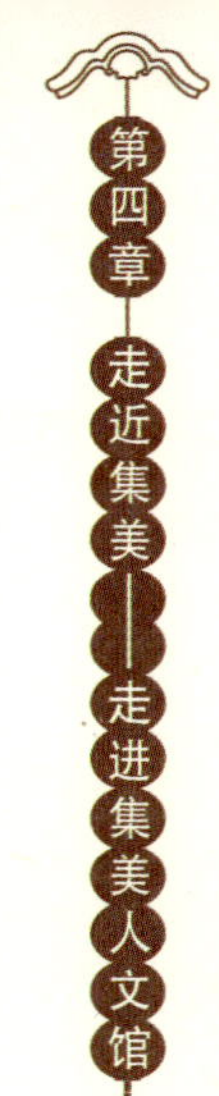

汇研学；

聚雅游。

欢颜、惊喜、渐冥思；

沸腾、雀跃、归沉浸。

四角亭，设四座、居四层。明良、居仁、敦业、养正，亭台沐春风；

人文馆，置新城、中轴线。忠公、诚毅、勤俭、创新，四门迎八方。

五龙抱珠；

人杰地旺。

长寿、富贵、康宁、好德、善终，五福临门；

宜居、宜业、宜行、宜游、宜学，五宜新城。

金、木、水、火、土，五行相生；

仪、俨、侃、☒、僖，五子登科。

塔耸入云比地高，六十六米六；

馆有深度比塔高，七十九米九。

塔在描摹着太阳放肆的欢笑、月牙山岭的酣眠，风和雨的唐宋游弋、花和鸟的追逐嬉戏；

馆在讲述着苦难酿造的警醒、生命勃发的光辉，善与恶的必然有报、真与美的永恒驻扎。

八角楼来演绎文脉；

八个棱去流淌诗情。

八面玲珑，谈笑有鸿儒；

八面来风，观者皆上客。

挑起的飞檐，是鲜活的花瓣，盛开的活力四射；
纷舞的季节，是伸展的枝条，牵扯的乡情八达。

九九归一馆藏人文万千；
天南地北门开四面八方。

护卫着崇高的信仰；
闪耀着不竭的精神。

寄音传美乃歌曲的心声，传唱是一种情不自禁的赞誉。聆听集美歌声，漫步感受集美之美，让集美歌声始终伴随：

《最美是集美》《集美新城水 噹噹》《筑梦的海湾》《集美的龙舟池》《集美你真美》《心中的集美》《集美这方土》《学村晨曦》《老华侨抒怀》《集美颂》《集美扒龙船》《我爱嘉庚星》《集美——陈嘉庚》《嘉庚楼前龙舟赛》《梦圆海峡》《啊！金色的海西》《平安集美》《为崛起的集美喝彩》《报答》《集美，

祝愿你明天更好》《厦门为什么这样美》《大爱无边》《浔江听涛》《侨乡集美》《北部新区畅想曲》《重归集美》《欢迎你到杏林来》《金湾湾、银湾湾》《杏林雨》《相聚在杏林》《田头之歌》《灌口，我可爱的家乡》《闽南人》《园博园，好日月》《集美同窗》《杏林湾上新学城》《美丽家园》《花好月圆》《杏林阁》《桥之韵》《美丽的杏林湾》《快乐的小晶晶》《放歌集美大学》《集美新歌》《曾营的钟声》《浪漫集美》《集美五月节》《来去中洲泡温泉》《集美湖之恋》《集美学校校歌》《哦，集美》《水上大观园》《祝福集美》……

图 4-4　集美人文馆夜景

附录　人文集美发展战略

中共集美区委
关于实施人文集美发展战略
加快建设美丽厦门示范区的决定

（2014 年 9 月 28 日中共集美区委七届十四次全会通过）

为深入学习贯彻省委、市委进一步加快科学发展跨越发展的决策部署，认真落实市委《美丽厦门战略规划》和区委《关于进一步解放思想改革创新努力建设美丽厦门示范区的决定》，发挥比较优势、着眼特色发展、凸显人文特质，践行“人文集美”发展理念，推动“五位一体”发展。特制订本决定。

一、重要意义和指导思想

1. 重要意义

人文集美的内涵是一精神三文化（嘉庚精神、华侨文化、闽南文化、学村文化）。实施人文集美发展战略，是弘扬嘉庚精神、推动经济转型向内涵发展、提升城市发展层次、创新社会治理的重要举措，是凝心聚力共筑“中国梦”集美篇章的具体体现。嘉庚精神是弘扬以爱国主义为核心的民族精神和以改革创新为核心的时代精神的具象载体，饱含着推进现实发展的精神要素。处于工业化中后期阶段的集美，科技创新驱动、劳动力素质提高是实现外延式增长向内涵式发展转型的战略之举。集美城市空间布局、产业发展“骨架”和“血肉”的外在魅力初具，惟有注入人文灵魂，才能从更高层次为城市实现可持续发展提供保证。

2. 指导思想

深入学习贯彻习近平总书记系列重要讲话精神和省委九届十一次全会、市委十一届八次全会精神，认真落实《美丽厦门战略规划》，充分利用集美特有的人文资源优势，传承和提升“一精神三文化”，注重创新驱动、注重生态宜居、注重人文和谐，坚持共同缔造，逐步建成人文彰显、创新发展、生态优美、幸福和谐的美丽厦门示范区。

二、基本原则和目标要求

3. 基本原则

——弘扬嘉庚精神。高举嘉庚精神旗帜，在传承和提升华侨文化、闽南文化、学村文化中赋予更多时代内涵，激发广大党员干部群众干事创业激情，汇聚各方智慧和力量，创造集美发展新优势。

——注重创新驱动。以“聚贤集美”人才计划的深入实施、产学研合作的持续加强、各种创新平台的加快建设和配套扶持政策的不断完善，推动科技创新、管理创新和服务创新，实现经济社会发展空间集约、环境再造、效率提升的新境界。

——注重生态宜居。落实“三规合一”，坚持绿色发展、低碳发展，加快园林绿化和绿道等生态景观建设，加强山地资源、流域、海岸带等重要生态功能区的保护与管理，推动山、海、田、城、路协调共生，打造天蓝、地绿、水净的生态宜居城区，创建国家级生态区。

——注重人文和谐。坚持以人为本、共同缔造，不断优化资源配置，加快建立均等化的基本公共服务体系，全面建成覆盖城乡的社会保障体系，推进社会治理创新，让全区群众共同建设、共同享有和谐美好的幸福生活。

4. 目标要求

——人文精神彰显。“一精神三文化”的内涵得以深度挖掘、整合和提升，并实现立体传播、广泛渗透，对内凝聚智慧力量、提升发展品质，对外增强竞争优势、展示美好形象。

——经济发展转型。创新体系更趋完善，产业比例更加协调，构建起产业结构高端化、优势产业集聚化的现代产业体系，切实形成质量型增长、内涵式发展的良好态势。

——城市品质提升。“大海湾”、“大山海”、“大花园”规划理念得到落实，空间布局更加优化，城市基础设施建设、生态文明建设、人文宜居环境建设得到全面加强，城市功能品质和承载能力进一步提升。

——民生福祉增进。教育、卫生、文化、体育等各项社会事业全面均衡发展，

社会保障、社会福利、社会救助体系更加完善，人民生活更加殷实，市民综合素质、社会文明程度、群众安全感和幸福指数明显提高。

三、彰显人文特质，增强精神引领

5. 彰显嘉庚精神时代价值

深入挖掘嘉庚精神“忠公、诚毅、勤俭、创新”的精神实质，注重以更高层次、更广视野诠释嘉庚先生强烈的实践品格、丰富的时代内涵以及丰富的物质化精神遗产等主体特征，不断扩大和提升嘉庚精神的影响力，汇聚起实现“中国梦”的磅礴力量。筹划举办每两年一度的国家级“嘉庚论坛”活动，设立“嘉庚论坛”永久性会址。邀请陈嘉庚科学奖、陈嘉庚青年科学奖获得者到集美参观、讲学，举办相应的科学家论坛。拓展办学空间，推广华文教育，弘扬中华文化。依托学脉渊源和特殊乡谊，举办世界嘉庚学子联谊活动及海外侨胞峰会、航海文化节等配套活动，打造“共筑中国梦”和共同建设“21 世纪海上丝绸之路”的纽带和桥梁。积极做好“集美学村”申遗的前期工作

6. 繁荣发展集美特色文化

传承华侨文化，高举嘉庚精神的伟大旗帜，筹建集美华侨博物馆，成立华侨文化研究会，举办华侨文化研讨会，挖掘整理研究华侨文化，推动中国最美侨乡建设。推广闽南文化，规划建设闽南曲艺创作基地、集美讲古场，成立闽南文化研究会、组建闽南曲艺队，实施古街区、古村镇保护计划，扶持和发展答嘴鼓、

荷叶说唱、闽南童玩童谣等非物质文化遗产项目。提升学村文化，整合集美学村文教资源，支持华侨大学华文学院发展，打造全国一流华文教育基地，推动艺术家进入大社，办好海峡两岸龙舟文化节、学村文化艺术节、学村音乐节、闽南童玩文化节、城隍文化节、海峡两岸大学生文创论坛等活动。

7. 构建跨越发展的精神高地

不断创新“一精神三文化”宣传载体，凸显时代精神的核心价值、引领人生的理想坐标、启迪心灵的精神生活，形成推动发展的强大精神力量。开展“弘扬嘉庚精神、践行核心价值观”主题教育实践活动，坚持把学习嘉庚精神作为加强作风建设的重要抓手，认真学习陈嘉庚、李林等先进人物，加强社会主义核心价值观教育，激发党员干部深入践行“三严三实”要求，将“诚毅”品格融入日常工作，坚决克服“精神懈怠危险”，着力纠正“四风”问题，切实增强敢于担当、勇于负责的使命感和责任感，强化执行力和落实力，推动党员干部想干事、能干事、敢干事、干成事。

四、发挥人文优势，推动产业发展

8. 调整优化产业布局

按照产业分布特点和厦门市主体功能区规划要求，大力发展软件信息、文化创意、新材料、新能源、智能化设备等战略新兴产业。实施“两化”融合，推进“三维”对接，促进传统产业向高端高效、集群集约升级。加快机械工业集中区等产

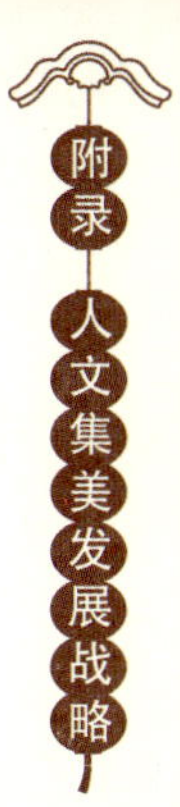

业园区功能整合，完善杏林、集美老工业区“腾笼换风”机制，大力挖掘用地潜力。提升杏林湾核心区、软件园三期、北站片区等高端服务业重点功能区对全域的辐射带动作用。探索推动住宅产业化。充分发挥好人文资源优势，推进文化与旅游、科技、金融、信息、体育等产业融合，加快文化产业集聚发展。围绕促使农业生产和二、三产业发展布局、城市生态功能相融合，大力发展生态观光、优质特色农业等都市现代农业。

9. 实施“聚贤集美”人才计划

坚持人才优先原则，以扶持企业使用人才作为人才引进的着力点，在创业扶持、生活保障、子女教育、配偶就业等方面实施积极的政策措施，吸引各类高端人才在区域内集聚，以人才和创新引领集美科学发展、转型发展。5 年内引进入选国家“千人计划”的人才 5 名，入选全省“百人计划”、全市“双百计划”的人才 10 名，入选厦门市“海纳百川”重点产业紧缺人才 100 名，各类高技能人才 200 名。

10. 建设海西产学研一体化示范区

充分发挥辖区高等院校和研发机构优势，建立政校企之间的有效链接，完善资源共享、优势互补、利益共享、风险共担的产学研合作机制，促进科技、人才等创新资源的有效整合。加强政策扶持与引导，出台一批促进研发、节能技改、品牌创建、标准化建设等政策措施。高起点规划建设一批创新载体，支持企业通过自建或与国家科研院所和重点高校共建工程技术研究中心、重点实验室、博士后工作站、中试基地等平台建设，建立产业技术创新联盟，推动产业关键技术和配套技术的研发。

11. 促进对台产业深度合作

利用辖区人才资源优势，加强与台湾科技合作，强化创新驱动战略，加快产业转型升级。加强与台湾生产力中心等研发机构及台湾高校的合作，建立常态化机制，为辖区企业进行转型诊断和深度辅导。充分发挥国家级台商投资区的先发优势，努力提升对台产业对接规模、层次和水平，围绕机械制造、电子等现有重点产业和金融、物流、文化创意、信息服务等服务业，着力引进一批世界500强台资大项目。

12. 培育现代企业文化

用嘉庚精神培育企业精神，建设优秀企业文化，增强企业核心竞争力。抓好企业文化建设规划，常态化开展“企业文化建设示范单位”创建活动，为推进企业文化建设提供必要的资金支持和物质保障。突出传承弘扬嘉庚先生“诚毅”之追求、“创新”之理念、“奉献”之觉悟，推进企业坚持诚信经营、注重管理创新和制度创新、履行社会责任，走有品质、有内涵、可持续发展之路。

13. 加快产业结构调整

立足差异化、突出集聚化、促进高端化，抓龙头、铸链条、建集群，推动现代产业聚集区建设，加快经济转型升级步伐

——打造海西硅谷

加快软件园三期建设，大力发展软件和信息产业，使之成为人文集美的主导产业。加快中国移动手机动漫基地、中国电信海峡通信枢纽中心、雅马哈、吉比特网络、富春通信、中国数码港海西运营中心等项目建设进度，推动深圳移动互联网联盟、北斗导航、网宿科技、微软手游创新中心等优质项目尽快落地。根据全市软件和信息产业发展需求，着手启动软件园四期在马銮湾片区的规划建设。

——打造海西文化演艺中心

充分利用人文资源，促进文化消费，增添人文气息。整合灵玲马戏城、神游华夏园、嘉庚艺术中心、诚毅科技探索中心、国家音乐产业基地厦门园等优势项目，打造精品化、系列化的演艺业态。加快推进正新国际汽车文化中心、集美塔、诚毅科技馆、大明文化广场、大社文创旅游街区等项目建设，提升全国汽车场地越野锦标赛、CUBA中国大学生篮球联赛等品牌赛事影响力，衍生拓展修学旅游、夜间休闲旅游、水上娱乐、影视创作、数字内容与新媒体等相关产业群体。

——打造海西商务商贸物流中心

加快新城区人气、商气的集聚，强化“商、旅、文”融合互动，增强城区旅游购物、休闲消费、文体娱乐等功能，以旅游拉动城市消费、彰显城市文化、引导城市建设。加强招商对接和政策扶持，吸引奥特莱斯（佛罗伦萨小镇）落户。大力发展道口经济和总部经济，加快杏林湾商务营运中心、厦门北站商务营运中心企业的全面进驻、运营，抓紧集美国际商务中心等总部集聚区招商工作。加快电商谷、海峡食品物流园、海西汽车城、汽车物流中心等项目建设，培育做大电商、汽车和冷链物流。

——打造海西先进制造业基地

坚持技术创新，加强老工业区改造提升，做强做大汽车机械、电子等支柱产业。重点扶持金龙客车、正新轮胎、稻兴科技、宏发股份等企业，以大项目带动经济发展转型升级。瞄准世界500强和国内大型龙头企业，着力引进一批带动性强、关联度高、效益好的龙头大项目。推进机械工业集中区三期和四期规划建设，努力培植工业新的增长点

五、遵循人文理念，建设宜居城区

14. 优化城市格局

严格落实“三规合一”和生态红线要求，坚持生态人居理念，继续强化集美区“一心、两轴、四城”的多元复合结构，完善“一心四片”空间布局。深化杏林湾核心区开发建设与管理，培育城市中心区特色形态，打造“美丽厦门第一湾”。坚持绿色发展、低碳发展，构筑“一轴（山海人文景观主轴）、两湾（杏林湾、马銮湾）、三带（北部环山景观带、中部市政走廊防护绿带、南部浪漫海岸景观休闲带）、多廊道（充分利用深青溪、瑶山溪、后溪三条水系，构筑连山、穿城、接海的生态景观廊道）”的绿化景观结构，推动山、海、田、城、路协调共生。加快软件园三期、文教区、厦门北站和杏林湾周边的建设，推动片区间连片成势。

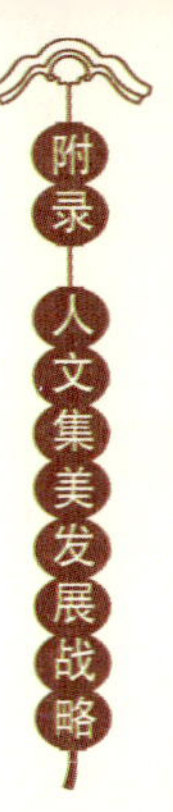

着手启动实施马銮湾片区建设及灌口、后溪北部山地生态开发建设，加快形成城区傍海环湾依山圈层式区域空间布局

15. 打造畅通城区

坚持公共交通优先理念，以轨道交通为干线、公共汽车为支线、步行系统为基础，系统建设布局合理、设施先进、功能齐全的公共交通体系。加快推进地铁、高速公路、国省道等对外联系通道的建设和升级改造，对接“两环八射”快速交通，构筑起功能完善的城市对外联系主骨架道路网络。加快贯通集美北大道、三南路、灌中路等城区主干道，完善次干路和支路网，形成层次体系完整的交通网络。大力推进公交枢纽与综合客运枢纽的融合建设，建设地铁交通、BRT、常规公交等一体化公共交通系统。加快通湾、通湖步行系统建设，健全城市步行系统。继续推进共同管沟建设，加快形成易于维护、营运安全的地下管廊。

16. 建设园林城区

编制全区绿道网建设规划，高标准推进杏林湾环湾 26 公里慢行系统、浪漫海岸线、天马山郊野公园、碧溪休闲农业公园生态景观项目和公路、铁路沿线的生态廊道工程建设。在传承嘉庚建筑艺术、闽南建筑艺术的基础上，精心设计各片区建筑风格，注重做好《当代建筑作品园》等核心区域、门户地段和重要节点的景观设计，精心打造城市亮点。进一步贯通全区污水管网，完成集美污水厂二期扩建，确保杏林湾滨水西岸污水处理站建成投用，启动灌口东部、后溪工业组团污水处理站建设。加大后溪、深青溪、瑶山溪等溪流的整治力度。加快推进乡

村绿道和美化，深入开展家园清洁行动，建设美丽乡村

17. 增强社会事业新活力

坚持以人为本，加快改革发展步伐，加强教育、卫生、文体等社会建设，提高基本公共服务均等化水平，为人民群众创造更多福祉。

——打造“百年学村”新亮点

依托深厚的教育基础和独具特色的办学传统，加强文教区建设，逐步建成各类教育优质均衡、特色鲜明、开放多元的教育强区。加快推进学前教育和义务教育学位建设，努力解决义务教育学位紧张问题。高标准引进、嫁接和建设一批学校，鼓励岛内示范学校在集美设立分校，加快建设厦门外国语学校集美分校、杏南中学、园博学校等，加大对集美职业技术学校等职业教育的扶持力度。整合提升文教区，联合各方支持中科院城市环境研究所、集美大学、华侨大学、厦门理工学院等14所高等院校及科研院所的建设，建成全省高级人才培育中心、科研与交流中心、创新中心与产业化基地。加快发展继续教育、特殊教育、老年教育和社区教育，策划建设一批教育主题公园，建设学习型社会。

——打造健康城区

统筹推进公共卫生服务均等化、多元化、便民化，适应居民日益增长的医疗卫生需求。完善厦门市疾控中心、集美区公共卫生服务大楼功能，推进厦门市第二医院三期改扩建工程。建设新城综合性三甲医院、“海峡两岸专科医疗园区”、

灌口医院等。积极创建省级慢性病综合防控示范区和全国社区中医药工作先进单位。引入优质医疗资源，提高医疗卫生服务保障能力和水平。

——打造智慧城区

建设智能城市运行体系，致力于推动城市数字化向智能化转变。升级改造城乡宽带网络，实现无线局域网覆盖重要公共区域，推进三网融合。以中国电信海峡通信枢纽中心、中国数码港海西运营中心等龙头项目带动，建成区域性云计算中心，力促信息产业上下游聚集。打造集美电子政务云、食品安全监管信息网、社区网格化管理平台等公共信息服务平台，提供政务、交通、医疗、旅游和社区管理等数据共享服务。围绕“医食住行、乐学商政”等重点民生领域，推进数字家庭、农业信息发布、“民生集美”等特色信息应用示范。

——打造市级体育中心

深入挖掘体育文化内涵，发展体育事业，逐步形成全民健身服务体系，满足群众多元化的体育需求，努力在全社会形成积极、健康、向上的精神面貌。整合嘉庚体育馆、文教区高校体育场馆等现有资源。加快水上运动中心、集美全民健身中心建设。规划新建大型综合体育场馆，率先在全市具备承办国内大型综合赛事、国际专项体育赛事的能力。

六、着眼人文和谐，创新社会治理

18. 全面推进共同缔造

通过人与人之间的互信互助、共治共享，坚持“五共”格局，推动社会治理创新。在面上全覆盖的同时，更加注重质量，推进田头村、集美大社、孙厝农贸市场、灌口第一社区、城内闽台民俗文化村等22个示范点形成阶段性成果。更加注重统筹策划，编制完善“以奖代补”项目指引，实施一批“基础设施、环境改造、特色村居、公共服务、文化活动、社会治理”项目建设，形成带动效应。厘清各层级职责边界，加大简政放权力度，尽可能把资源、服务、管理放到基层。广泛发动群众，发展乡贤理事会等民间自治组织，孵化和培育一批社区服务类、公益慈善类、群众生活类、枢纽（联合）型社会组织，发挥群众主体作用，培育共同缔造精神。启动分类评级，对所评定的典范村（社区）、良好村（社区）、基础村（社区）进行表彰挂牌，实行动态管理，形成你追我赶、创先争优的良好局面。

19. 大力实施乐业富民工程

加大政策扶持和平台建设，满足群众就业创业需要，激发建设人文集美的热情。重点强化全区居民就业创业基础数据库建设，打造区、镇（街）、村（社区）三级就业信息发布网及掌上招聘信息网，打造“三公里（半小时）就业服务圈”。组建居民创业专家指导团，面向社会公开征集创业项目。积极探索公益性岗位开发管理新机制，大力开发公益性岗位。建立中亚城大学生创业孵化基地，加大财

政鼓励就业创业、技能培训的补贴力度。力争到2016年末，城镇登记失业率控制在4%以内，全区居民就业创业收入年增长15%以上。

20. 探索村（居）集体经济发展新模式

以实施农村幸福工程为抓手，持续增加农民财产性收入。继续实施和引导农村股份化项目，努力确保已建28个项目稳定增收，在建项目按质、按量如期完成，前期项目加快推进、早日开工建设。进一步完善提升村庄发展用地选址规划，筛选策划一批项目，推动成熟项目开工，加快建成项目招商。积极探索“村与村合作建设”、“村独立投资建设”、“村集体与村民入股建设”、“区建设补助、村回购收益”、“社会投资与村集体分享利益”、“区村共同投入分享利益”、“整体挂牌、部分留用”以及“村用地、区收储”等集体发展项目新模式

21. 深化民生保障“绿洲计划”

坚持民本导向，加大公共财政民生投入保障力度，构筑起全方位、多层次、广覆盖的新型社会保障体系。完善城镇职工、被征地人员、城乡居民基本养老保险制度，推广“个人贷款政府担保”缴交被征地人员基本养老保险，实现全区养老保障制度的全覆盖。健全完善“绿洲计划”社会救助体系，整合修订困难家庭子女教育救助政策，落实提高城区居民最低生活保障标准，提高农村困难家庭住房救助标准，出台老年人入住养老机构补助办法。拓展心灵绿洲覆盖群体，彰显人文关怀。试点推进老年公寓建设，加快安置房、保障性住房建设，推进农村危房翻改建。

22. 推进城乡完整社区建设

坚持从人的基本需求出发，完善社区建设规划。针对不同的人口特征进行相关配套建设，重点配备居家养老服务中心、外来员工培训与教育中心、青少年活动中心和社区卫生服务机构，建立完善的城乡公共服务设施体系，综合利用自然地形地貌，塑造优质的城乡社区空间，以社区道路建设、市政设施建设为重点，完善城乡基础设施供给体系。加强地方文化的挖掘、保护和传承，增强居民的归属感。加强社会组织培育和管理，推进全国社会组织创新管理示范区建设。整合政府和社会专业化服务资源，将社区公共服务、公益服务、商业服务的各类专业化服务组织、企业、网点和服务项目，纳入社区综合服务管理信息平台，提升社区信息化水平。

23. 深化平安城区建设

深化平安和谐创建，进一步提升群众的满意度和幸福感。加快镇（街）、村（社区）网格化服务管理信息平台建设，实现与市、区平台共享、联动。规划建设全区视频监控系统，构建“三环两路”监控体系，提升监控覆盖面和技防实战能力。全面实施“门禁通”技防工程，提升流动人口服务管理实效。深入推进“平安和谐北站片区”创建，全力保障北站片区交通顺畅、人员安全。定期组织开展反恐处突应急处置演练，强化四大片区联动和三支处突力量建设，提升应急处突的能力和水平。

七、组织领导和保障措施

24. 加强组织领导

从促进“魂与形”蓬勃灵动、引领集美跨越发展的高度，充分认识实施人文集美发展战略的重要意义，统一思想、明确方向，研究制定各项发展规划和推进措施。坚持改革创新，进一步健全完善组织领导和协调机制，推动和督促人文集美发展战略的贯彻实施。严格落实目标责任制，把实施战略与常规性工作结合起来，统筹规划、重点推进，层层分解、层层落实。

25. 动员全民参与

充分尊重广大市民的主体地位，使广大市民真正成为实施人文集美发展战略的主体和受益者。广泛发动、全面动员，集中智慧、激发热情，着力形成人人参与、人人践行的良好局面。党委和政府部门作为主要组织者和引导者，要搭建市民参与平台，畅通社情民意表达渠道，积极采纳市民建议，为广大市民参与提供制度保障。工会、共青团、妇联等群众性组织，要发挥自身优势，积极动员引导广大群众参与。发挥好党的统一战线的作用，广泛发动海外侨胞，为集美建设发展凝聚智慧、汇聚力量。各级各类社会组织，要结合自身的特点，采取各种形式，作出应有贡献。

26. 营造浓厚氛围

通过讲座、培训、宣讲等多种途径和载体，深入开展主题宣传活动，在广大市民中营造“我参与、我奉献、我快乐”的良好社会氛围。紧紧围绕人文集美发展规划，有计划有步骤地宣传实施人文集美发展战略的措施、经验、成就，营造良好的舆论氛围。哲学和社会科学工作者要运用自己的专业知识，不断深化对人文集美发展战略的内涵、规律和路径的研究，积极建言献策。

27. 完善考评机制

对实施人文集美发展战略所涉及的目标和主要任务进行细化分解，制定相应的评价指标体系并研究制定具体的评价考核办法。健全完善征地拆迁考核机制，注重考核结果运用，探索建立重点项目全流程管理平台，加大对签约项目和在建项目的跟踪落实力度，切实推进各个项目和活动取得进展。建立完善岗位职责落实责任追究、科级及以下干部任免调配等制度，推动各级党员干部转变作风、真抓实干，敢于担当、勇于负责，更好担负起实施人文集美发展战略、加快建设美丽厦门示范区的历史重任。

中共集美区委员会

2014 年 10 月 13 日

图片来源

开篇　诗话集美

图 0-1：吴贤宾摄，《人文集美　极美新城——第二届杏林建设杯主题摄影大赛获奖作品摘登》，《厦门日报》2018 年 9 月 30 日，A07 版。

第一章　集美人文的价值

图 1-1：厦门市集美区地方志编纂委员会编：《厦门市集美区志》，中华书局 2013 年版，第 49 页。

第二章　集美的文脉

图 2-1：林志杰摄：《产城学人深度融合　集美新城处处是景 》，《厦门日报》2019 年 4 月 12 日，A07 版。

图 2-2：厦门市集美区地方志编纂委员会编：《厦门市集美区志》，中华书局 2013 年版，第 582 页。

图 2-3：孙宁编：《古代版画艺术》，吉林文史出版社 2010 年版，第 51 页。

图 2-4：厦门市集美区地方志编纂委员会编：《厦门市集美区志》，中华书局 2013 年版，第 619 页。

图 2-5：厦门市集美区地方志编纂委员会编：《厦门市集美区志》，中华书局 2013 年版，第 583 页。

图 2-6：郑高菽主编：《集美》，中央文献出版社 2005 年版，第 343 页。

图 2-7：郑高菽主编：《集美》，中央文献出版社 2005 年版，第 347 页。

图 2-8：李玉清主编：《杏林记忆》，河海大学出版社 2016 年版，第 1 页。

图 2-9：中国人民政治协商会议厦门市集美区委员会文史资料委员会编：《集美文史资料》第 15 辑，内部资料，2010 年版，第 5 页。

图 2-10：（明）李釜源、朱绍本等编：《地图综要（三卷）》，明末新安黄氏刻本，第 193 页。

图 2-11：陈呈主编：《世纪辉煌——集美学校百年历史图集》，人民日报出版社 2017 年版，第 92 页。

图 2-12：厦门市集美区地方志编纂委员会编：《厦门市集美区志》，中华书局 2013 年版，第 585 页。

图 2-13：厦门市集美区地方志编纂委员会编：《厦门市集美区志》，中华书局 2013 年版，第 584 页。

图 2-14：《移山填海—鹰厦铁路图片集》，福建人民出版社 1958 年版，第 52 页。

图 2-15：《移山填海话当年》编委会编：《移山填海话当年》，鹭江出版社 2003 年版，扉页第 2~3 页。

图 2-16：厦门市集美区地方志编纂委员会编：《厦门市集美区志》，中华书局 2013 年版，第 131 页。

图 2-17：福建省档案馆编：《潮涌海西：福建现代化历史进程》，鹭江出版社 2012 年版，第 236 页。

图 2-18：《移山填海话当年》编委会编：《移山填海话当年》，鹭江出版社 2003 年版，扉页第 1 页。

图 2-19：《移山填海话当年》编委会编：《移山填海话当年》，鹭江出版社 2003 年版，扉页第 2~3 页。

图 2-20：厦门市集美区地方志编纂委员会编：《厦门市集美区志》，中华书局 2013 年版，第 154 页。

图 2-21：游德馨主编：《陈嘉庚先生诞辰一百二十周年纪念册》，鹭江出版社 1994 年版，第 67 页。

图 2-22：厦门市集美区档案局馆编：《影像集美》，厦门大学出版社 2011 年版，第 136 页。

图 2-23：李开聪摄，《移山填海——鹰厦铁路图片集》，福建人民出版社 1958 年版，第 56 页。

图 2-24：陈一能摄，《移山填海——鹰厦铁路图片集》，福建人民出版社 1958 年版，第 69 页。

图 2-25：林耀芳摄，《集美区跨岛发展谱新篇 》，《厦门日报》2018 年 12 月 18 日，T11 版。

图 2-26：林志杰摄，《集美区跨岛发展谱新篇 》，《厦门日报》2018 年 12 月 18 日，T11 版。

图 2-27：厦门市集美区地方志编纂委员会编：《厦门市集美区志》，中华书局 2013 年版，第 53 页。

图 2-28：谢春池：《百年厦门》，福建人民出版社 2003 年版，第 222 页。

图 2-29：李玉清主编：《杏林记忆》，河海大学出版社 2016 年版，第 3 页。

图 2-30：厦门市集美区档案局馆编：《影像集美》，厦门大学出版社 2011 年版，第 136 页。

图 2-31：林辉龙摄，吴尧生翻拍。

图 2-32：厦门经济特区纪念馆，吴尧生翻拍。

图 2-33：张鸣、王国栋摄，吴尧生翻拍。

图 2-34：福建省厦门电厂编：《厦门电厂志》，内部资料，1999 年版，第 2 页。

图 2-35：厦门经济特区纪念馆，吴尧生翻拍。

图 2-36：洪永世主编：《集美学校八十周年纪念册 1913—1993》，内部资料，1994 年版，第 22 页。

图 2-37：洪永世主编：《集美学校八十周年纪念册 1913—1993》，内部资料，1994 年版，第 79 页。

图 2-38：2014 年吴尧生摄。

图 2-39：2014 年吴尧生摄。

图 2-40：2014 年吴尧生摄。

图 2-41：2014 年吴尧生摄。

图 2-42：2014 年吴尧生摄。

图 2-43：2014 年吴尧生摄。

图 2-44：杏滨街道地方志组委会编：《杏滨街道志》，内部资料，2010 年版，第 21 页。

图 2-45：杏滨街道地方志组委会编：《杏滨街道志》，内部资料，2010 年版，第 21 页。

图 2-46：杏滨街道地方志组委会编：《杏滨街道志》，内部资料，2010 年版，第 21 页。

图 2-47：杏滨街道地方志组委会编：《杏滨街道志》，内部资料，2010 年版，第 22 页。

图 2-48：2014 年吴尧生摄。

图 2-49：2014 年吴尧生摄。

图 2-50：2014 年吴尧生摄。

图 2-51：厦门市档案局、厦门市档案馆编：《鹭岛见证——厦门市档案馆珍藏档案》，内部资料，2013 年版，第 60 页。

图 2-52：厦门市集美区地方志编纂委员会编：《厦门市集美区志》，中华书局 2013 年版，第 45 页。

图 2-53：厦门市集美区地方志编纂委员会编：《厦门市集美区志》，中华书局 2013 年版，第 250 页。

图 2-54：厦门市集美区地方志编纂委员会编：《厦门市集美区志》，中华书局 2013 年版，第 252 页。

图 2-55：厦门市集美区地方志编纂委员会编：《厦门市集美区志》，中华

书局 2013 年版，第 248 页。

图 2–56：厦门市集美区地方志编纂委员会编：《厦门市集美区志》，中华书局 2013 年版，第 219 页。

图 2–57：厦门经济特区纪念馆，吴尧生翻拍。

图 2–58：许建知、王进法摄，《人文集美　极美新城——第二届杏林建设杯主题摄影大赛获奖作品摘登》，《厦门日报》2018 年 9 月 30 日，A07 版。

第三章　集美人文的核心——一精神三文化

图 3–1：张冬坤摄，《产城学人深度融合　集美新城处处是景》，《厦门日报》2019 年 4 月 12 日，A07 版。

图 3–2：王火炎摄，《住宅集团：跨岛发展启新程　集美新城谱新篇》，《厦门日报》2019 年 3 月 26 日，A04–A05 版。

第四章　走近集美——走进集美人文馆

图 4–1：邓应林摄，《人文集美　极美新城——第二届杏林建设杯主题摄影大赛获奖作品摘登》，《厦门日报》2018 年 9 月 30 日，A07 版。

图 4–2：厦门市集美区文化和旅游局提供。

图 4–3：厦门市集美区文化和旅游局提供。

图 4–4：厦门市集美区文化和旅游局提供。